Male für jede Seite, die du bearbeitet hast, einen Stern aus!

Viel Freude!

 4  5  6  7 8  9 10

 11  12  13  14  15  16  17  18  19

 20  21  22  23  24  25  26  27 28

 29  30  31  32  33  34  35  36  37

 38  39  40  41  42  43 43 44 45   46

 47  48  49 50  51  52  53 54

m

B   au

● B | au | m

a

l

W

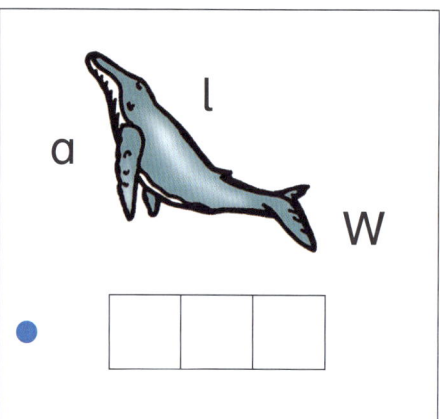

● □ □ □

S

f

a

o

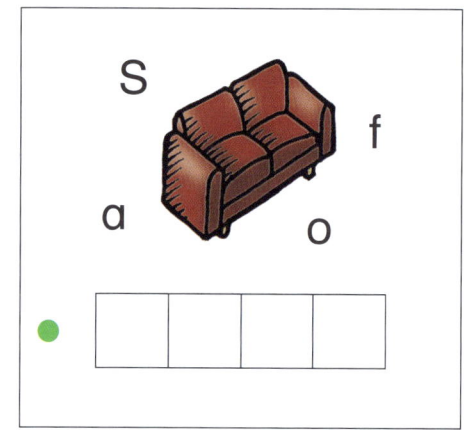

● □ □ □ □

t

r

a

P

i

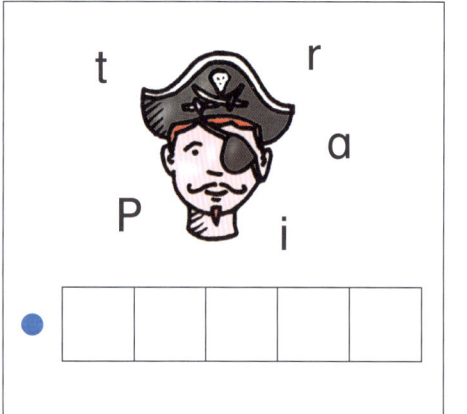

● □ □ □ □ □

Sch

f

a

● □ □ □

f

U

o

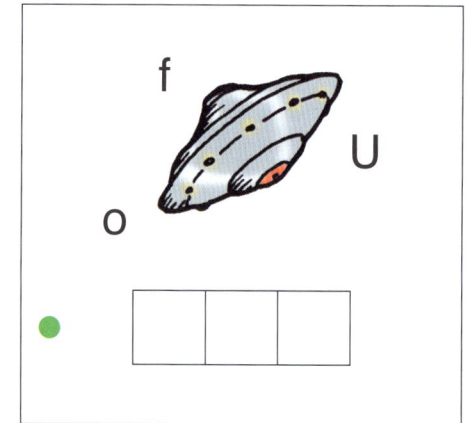

● □ □ □

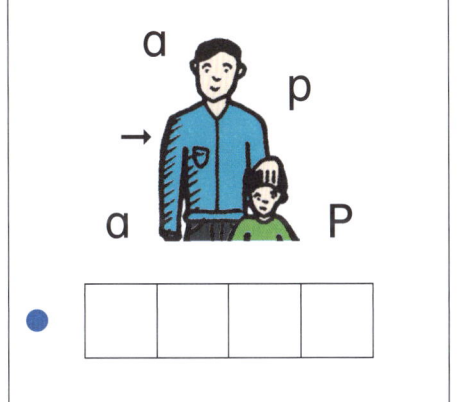

a
p
a
P

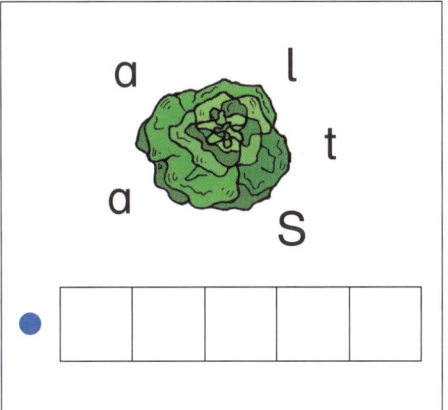

a
l
t
a
S

a
Sch
l

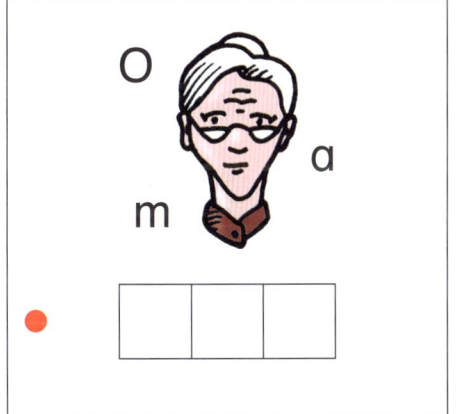

O
a
m

n
o
i
K

m
a
L
a

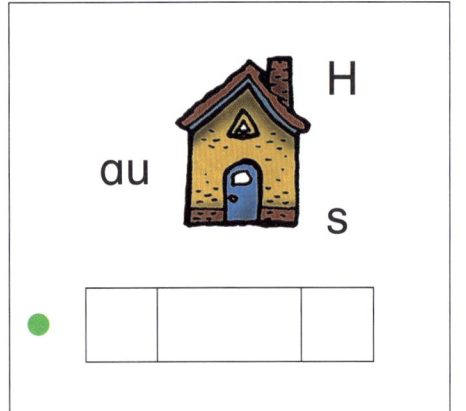

H
au
s

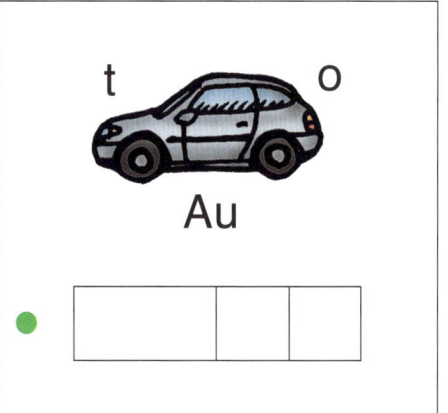

t   o
Au

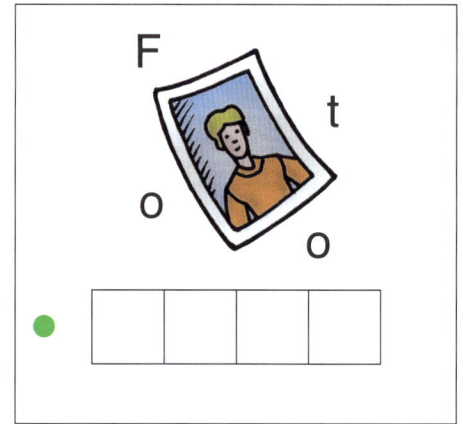

F
t
o
o

O
a
p

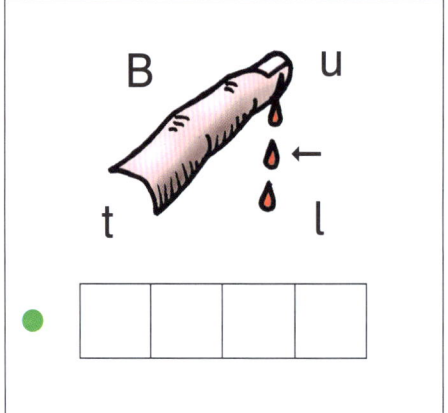

B   u
t   l

l
a   m
e   K

K   u
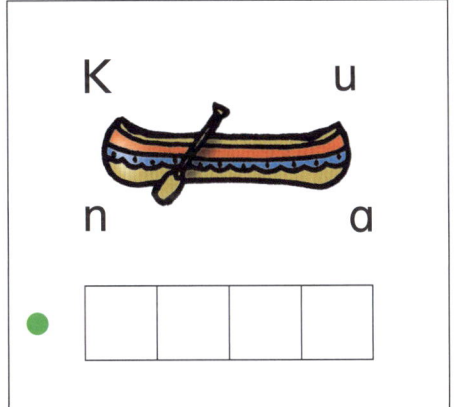
n   a

s   M
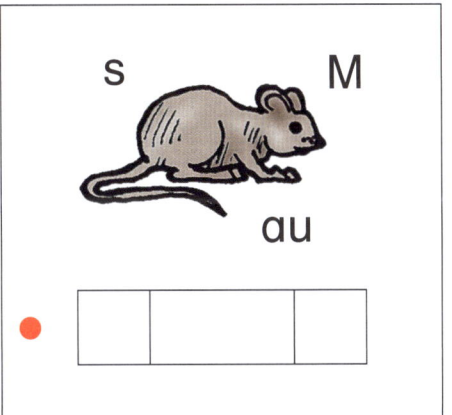
au

H

t   u

i   D

o   n

A   t
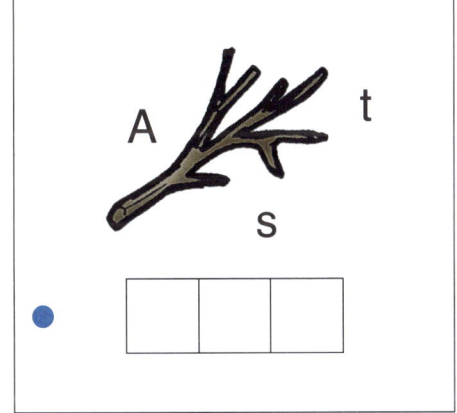
s

w   i
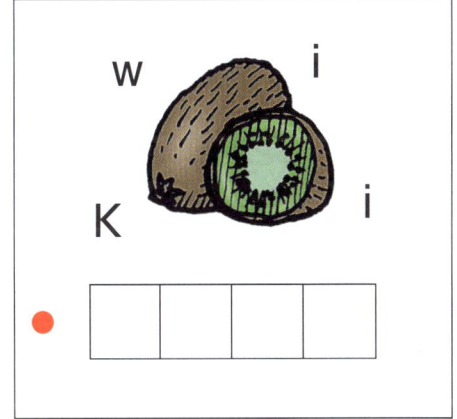
K   i

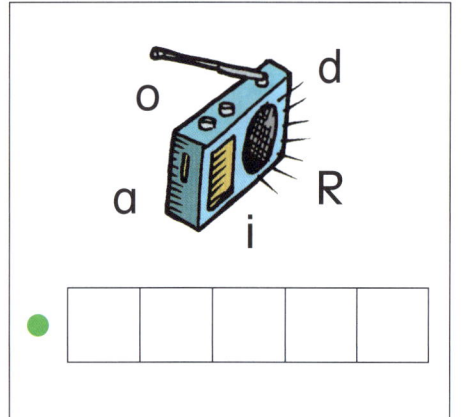

o d
a R
i

🟢 | | | | |

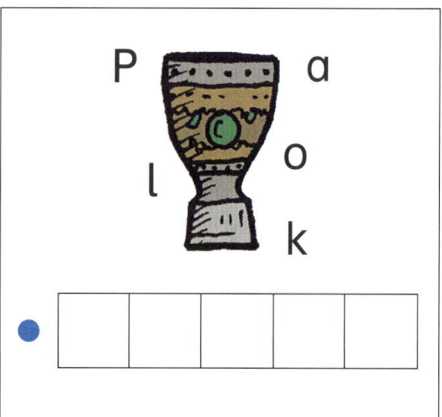

P a
o
l
k

🔵 | | | | |

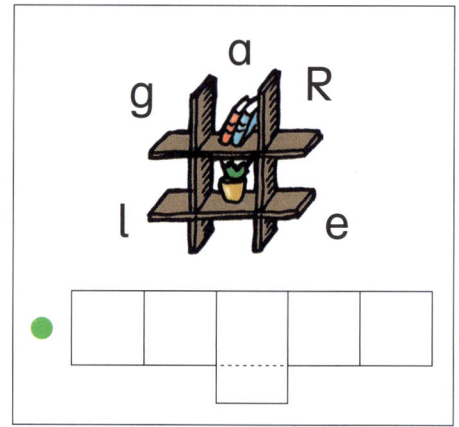

a
g R
l e

🟢 | | | | |

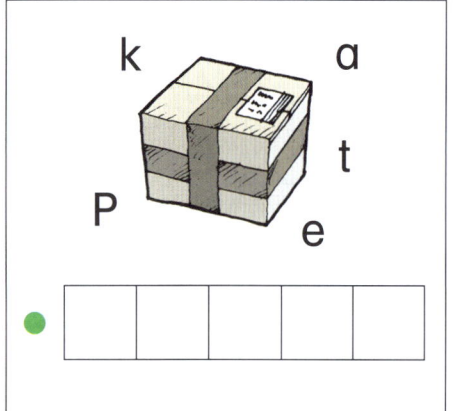

k a
t
P
e

🟢 | | | | |

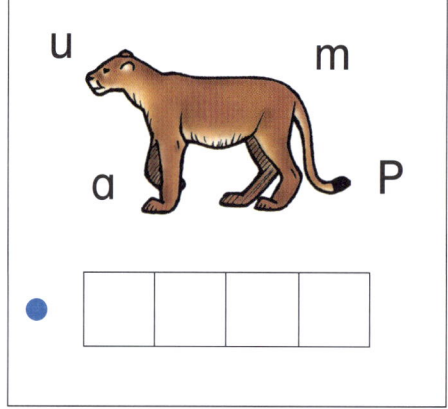

u m
a P

🔵 | | | |

m
M a
a

🔴 | | | |

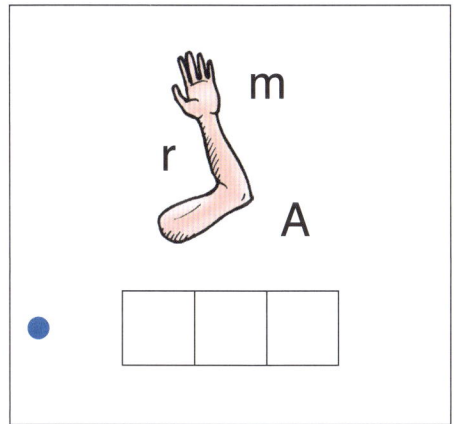

m
r
A

a
K
a
o
l

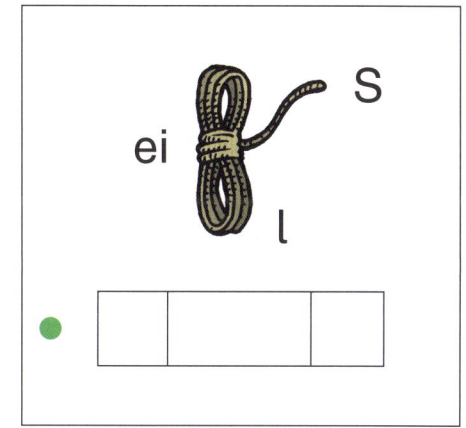

ei
S
l

U
u
h

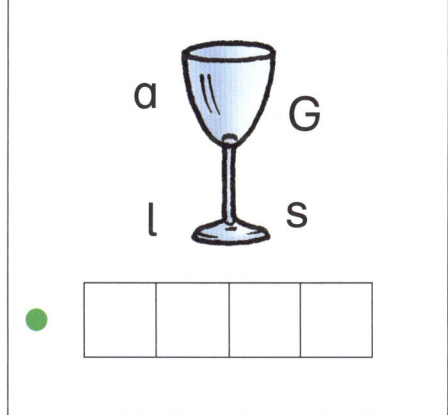

a
l
G
s

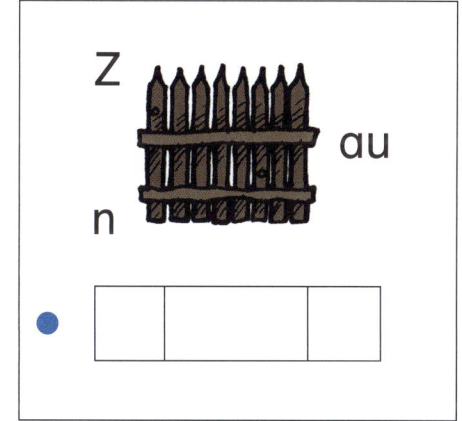

Z
n
au

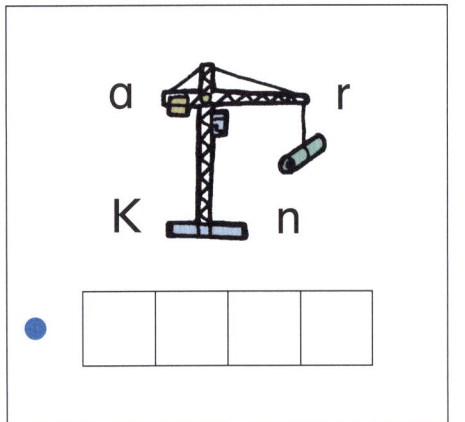

a r K n

s Ei

au r F

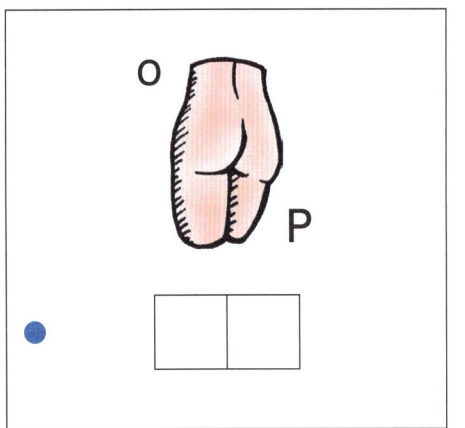

o P

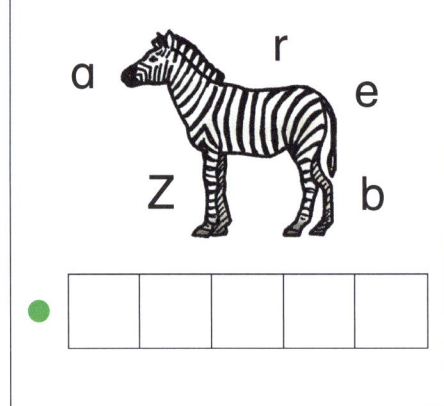

a r e Z b

r G s a

e s
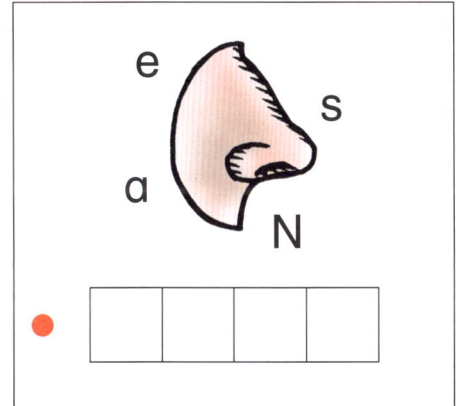
a
N

[ ] [ ] [ ] [ ]

m N
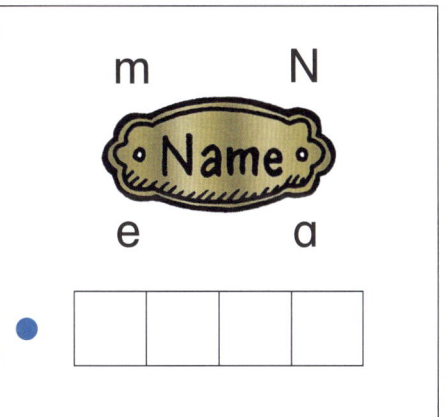
e a

[ ] [ ] [ ] [ ]

s
e
a H

[ ] [ ] [ ] [ ]

e
 M
Ö w

[ ] [ ] [ ] [ ]

H o
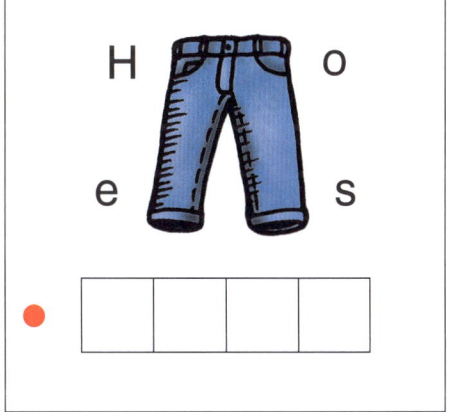
e s

[ ] [ ] [ ] [ ]

e
R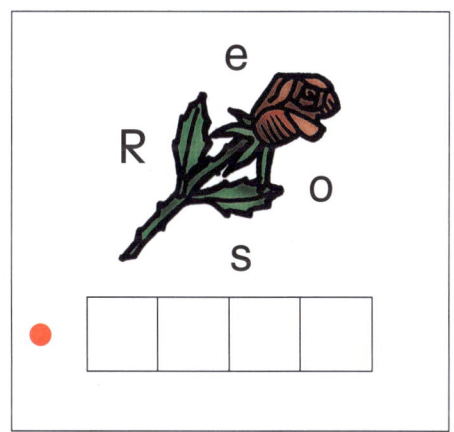
o
s

[ ] [ ] [ ] [ ]

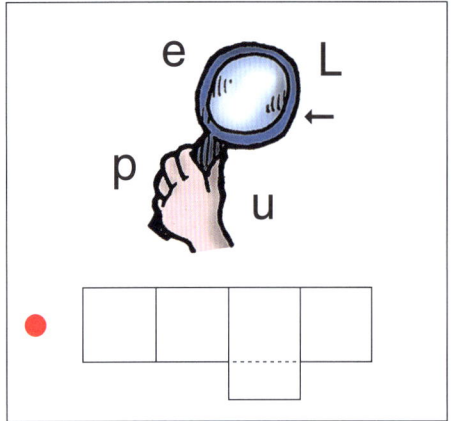

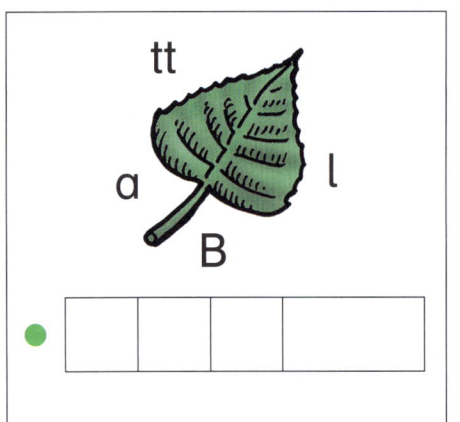

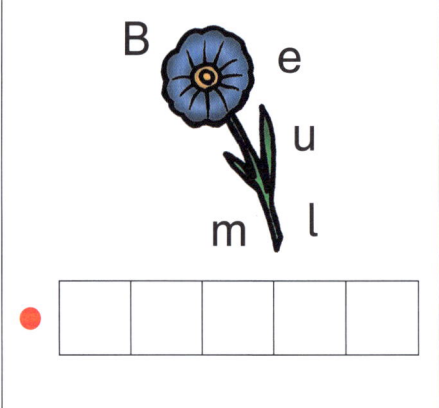

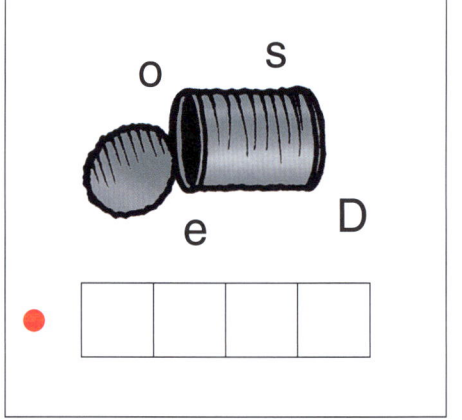

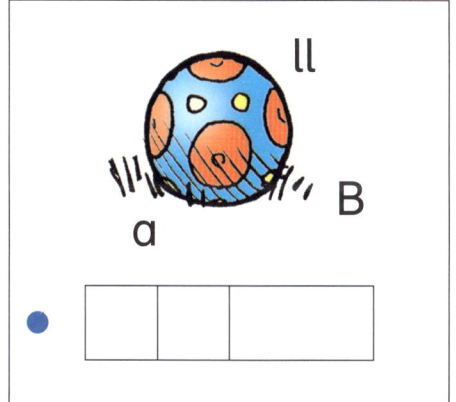

ll

a B

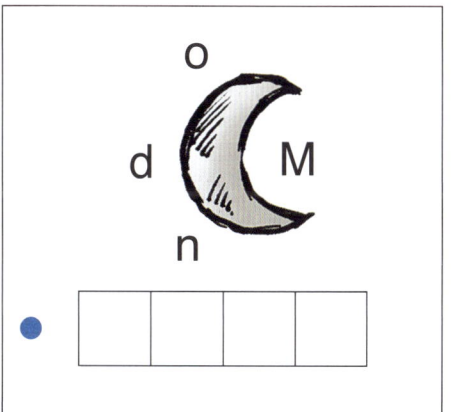

o

d M

n

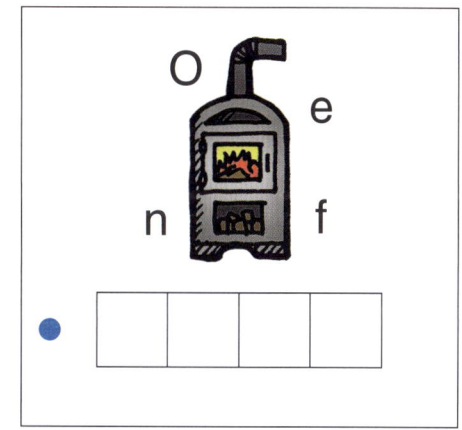

O

e

n f

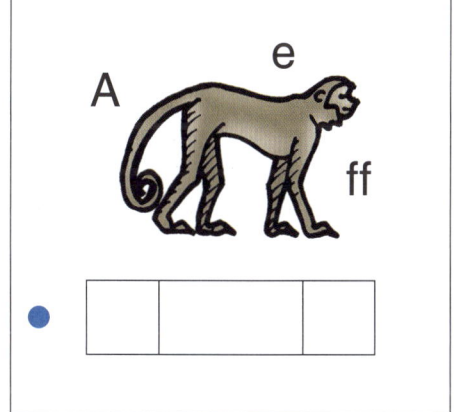

A e

ff

e

l A

r

d

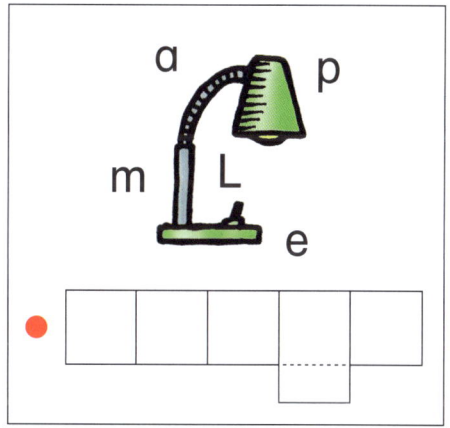

a p

m L

e

l   e

s

A

m

S

nn   e

o

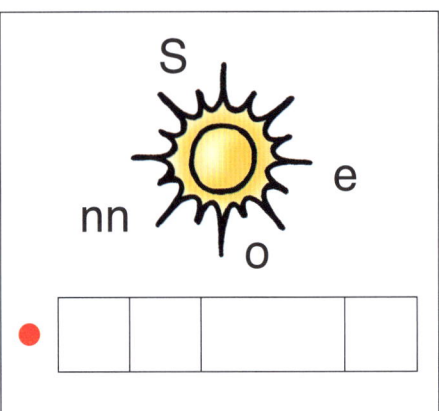

sch   i

F

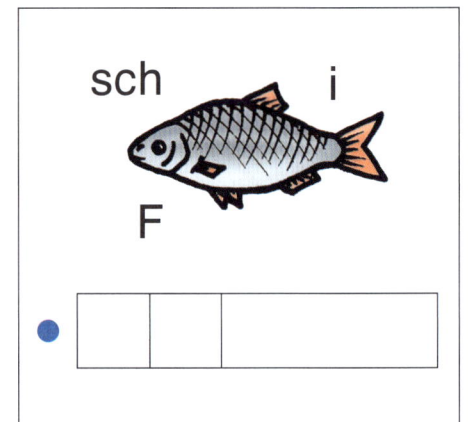

e   i

r   n

B

B   ie

n   e

r   B

u   g

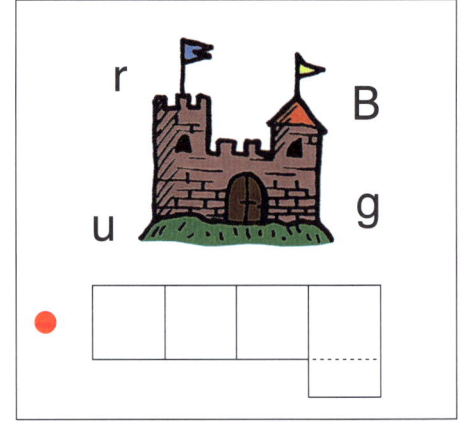

e t
Z l
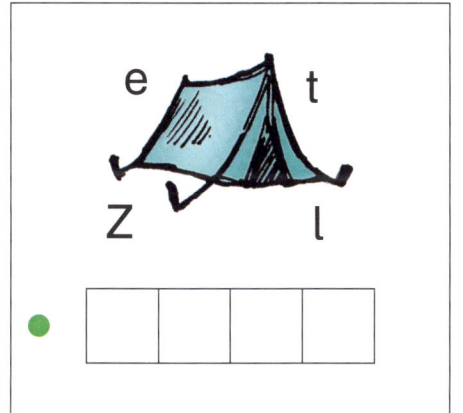
●

h
u
K

●

Sch
h u
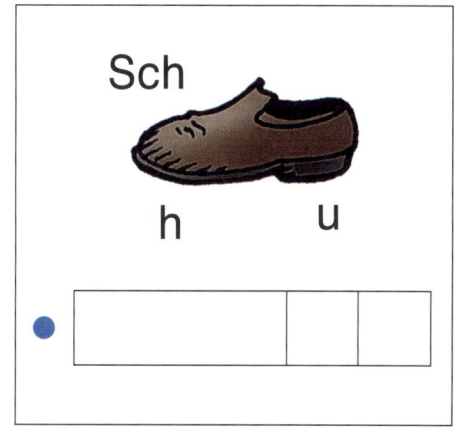
●

ss T
a e
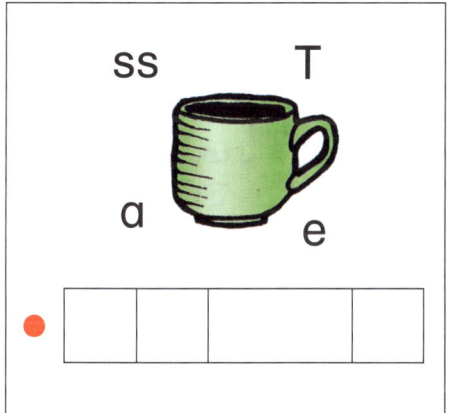
●

B
t oo
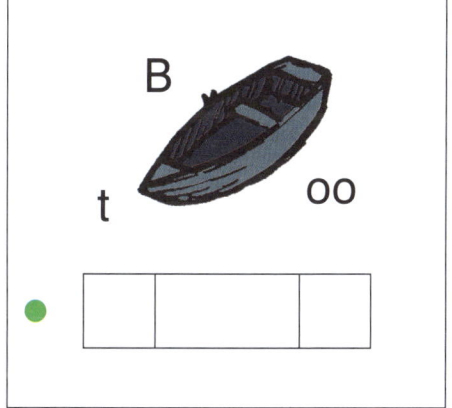
●

z l
P i
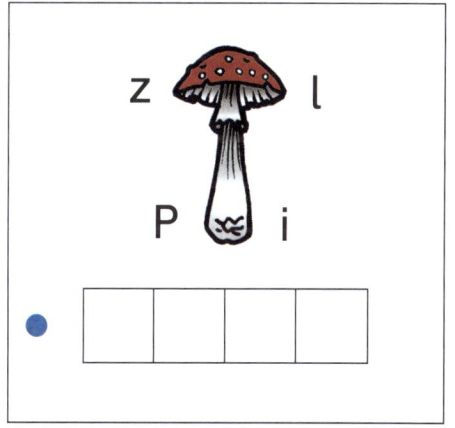
●

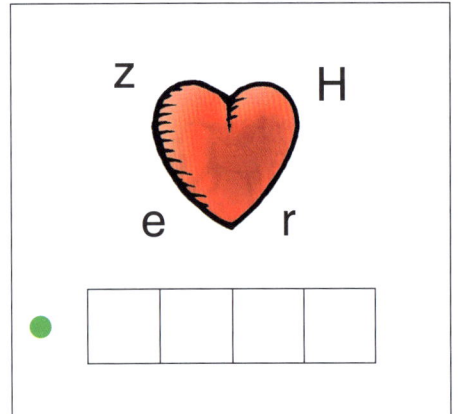

z H e r

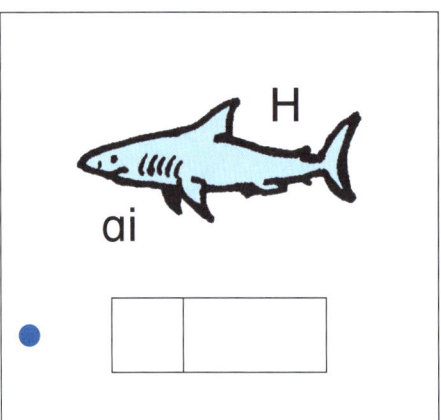

H ai

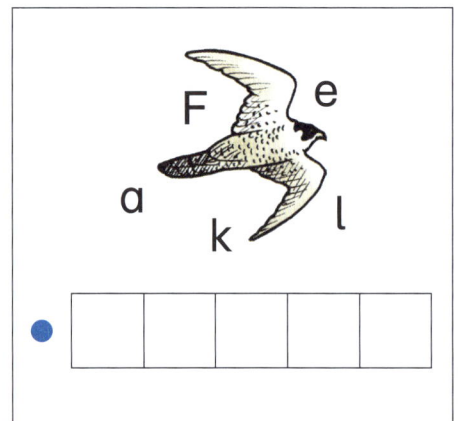

F e a k l

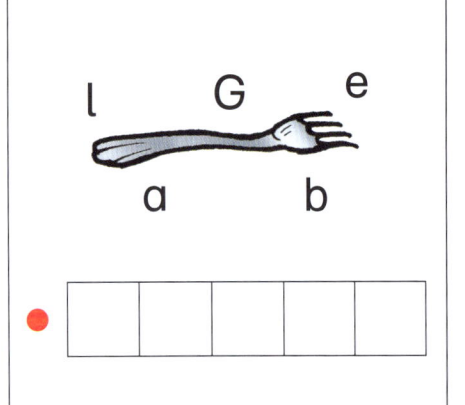

l G e a b

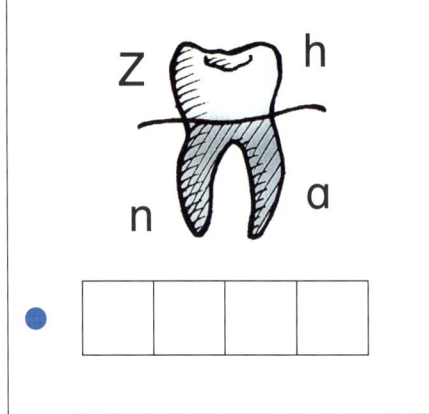

Z h n a

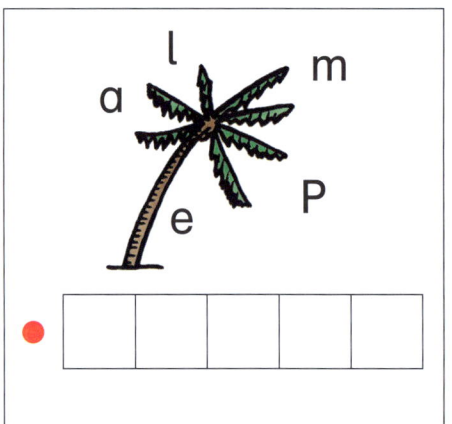

l m a P e

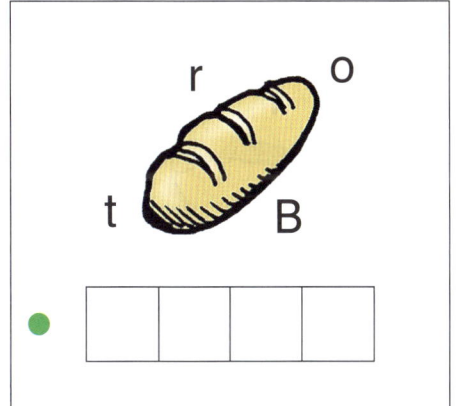

r o

t B

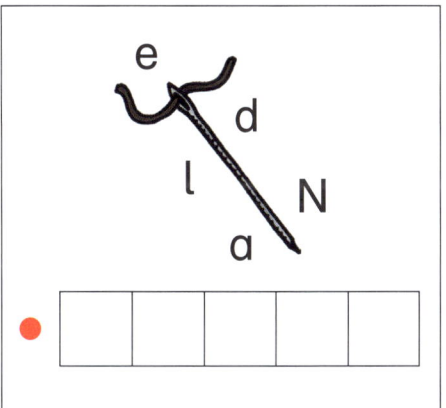

e

d

l N

a

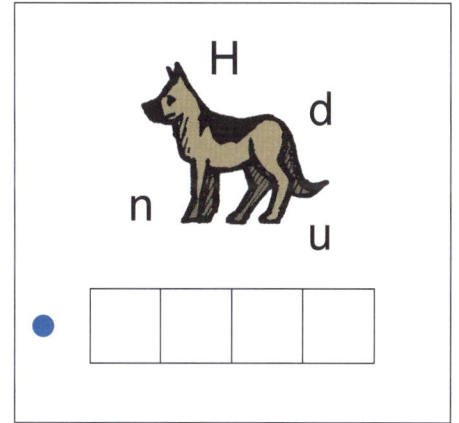

H

d

n

u

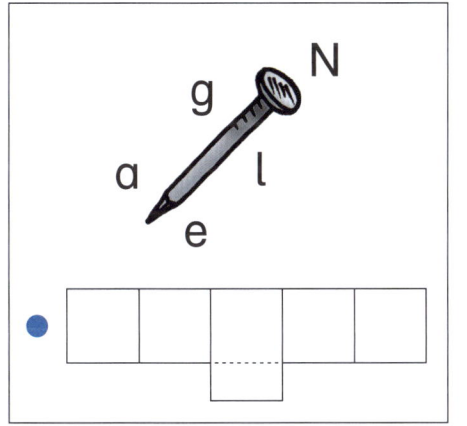

N

g

a l

e

l o

a C

Eu e

l

pf  T
o

N 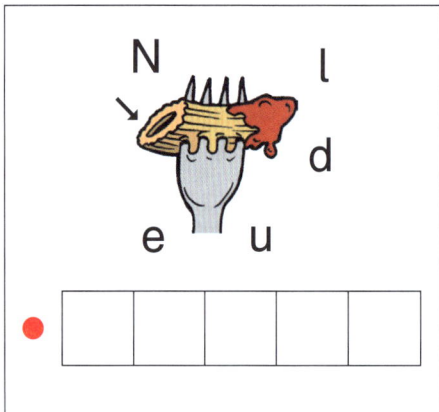 l
d
e u

B  l
i d

s
B 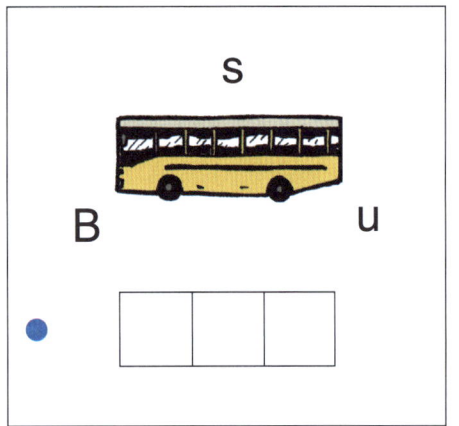 u

e 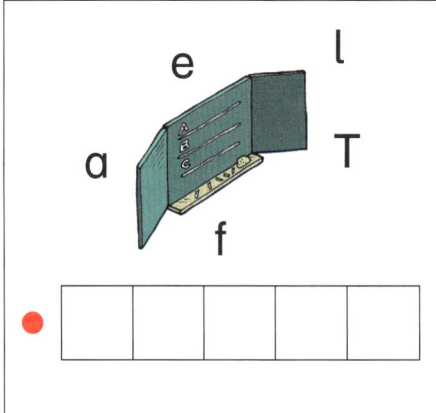 l
a T
f

tt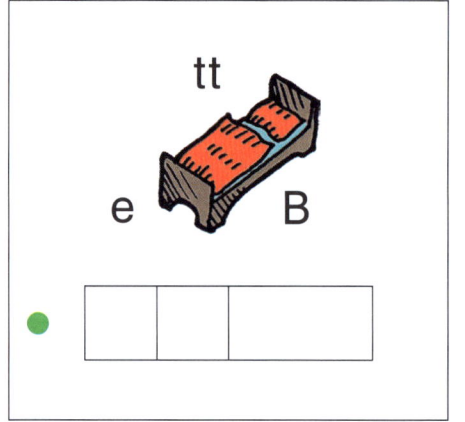
e B

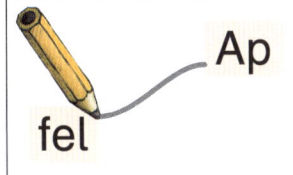  

der Apfel

die

die

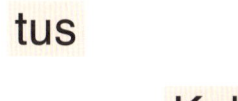  

der

Kat ze	 🔴 	 die
ter Pu	🔵 	
fin Del	🔵 	
schel Mu	🔴 	

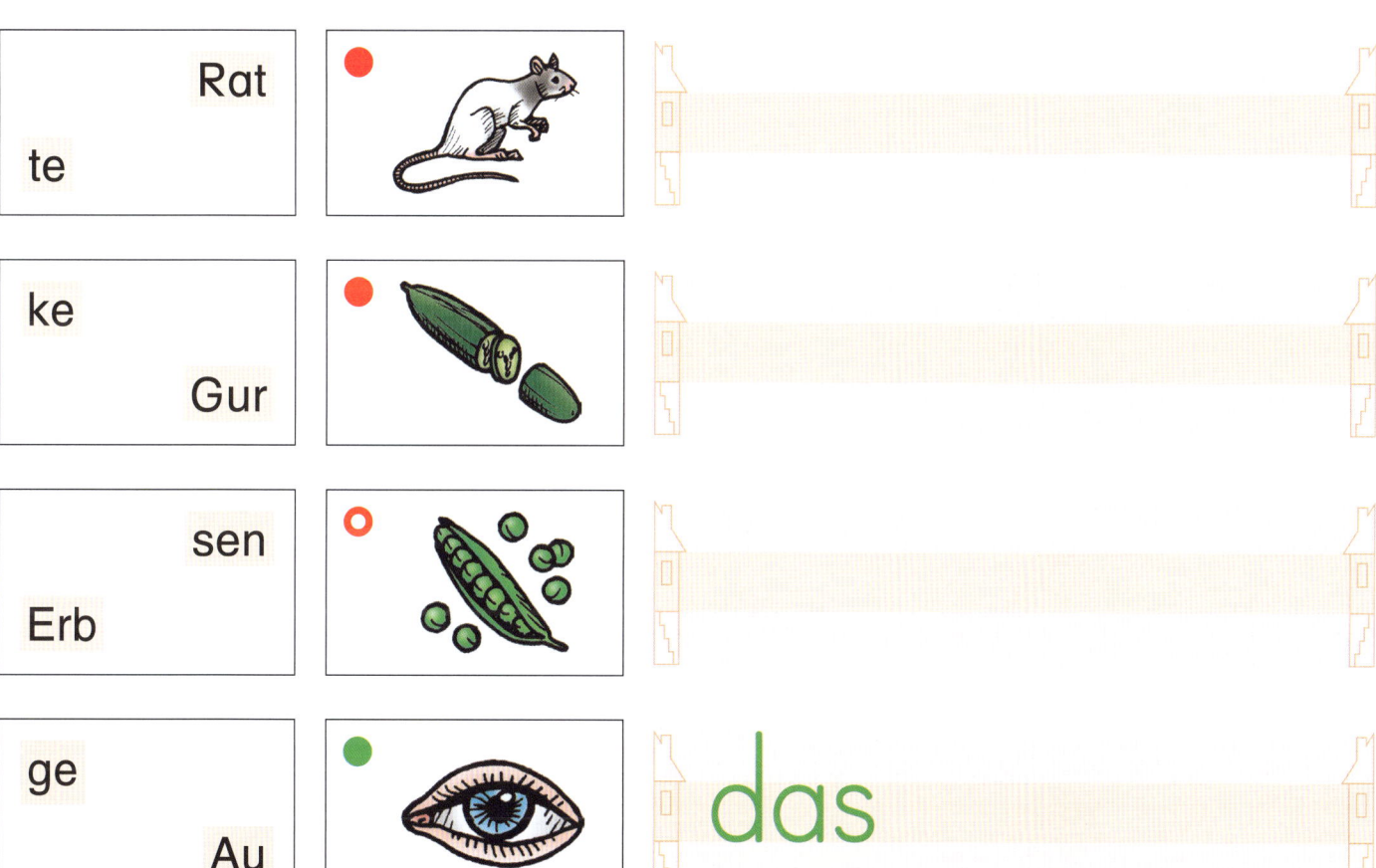

Rat
te

ke
Gur

sen
Erb

ge
Au

das

ke te Ra		die
lo ne Me		
tro ne Zi		
bee Erd re		

Ba
        ne
  na

bee
   re
     Him

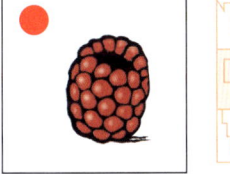 

     ben
kol
   Mais

pferd
  chen
See

Eich
    chen
    hörn
	 	das

pa
  Pa
    gei

schwein Meer chen		
To te ma	 	

Kar fel tof		
men kohl Blu		
Pa ka pri		
Ra chen dies		

kan 　　Pe li		 der
Tri 　gel 　　an	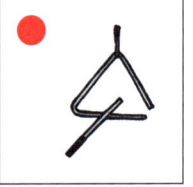	
te Trom 　　pe		
gu 　　in Pin		

Mo rad tor		
Gi re tar		
Pan bär da		
he Hand schu		

| me nen
Son
blu |  | die |

| le Hal
te stel |  | |

| del ze
müt
Pu |  | |

| de
Mar
la me |  | |

ta tel Man sche		

spie ball ler Fuß		

chel re Sta bee		

tich Wel len sit	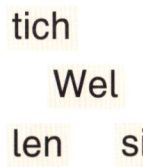	

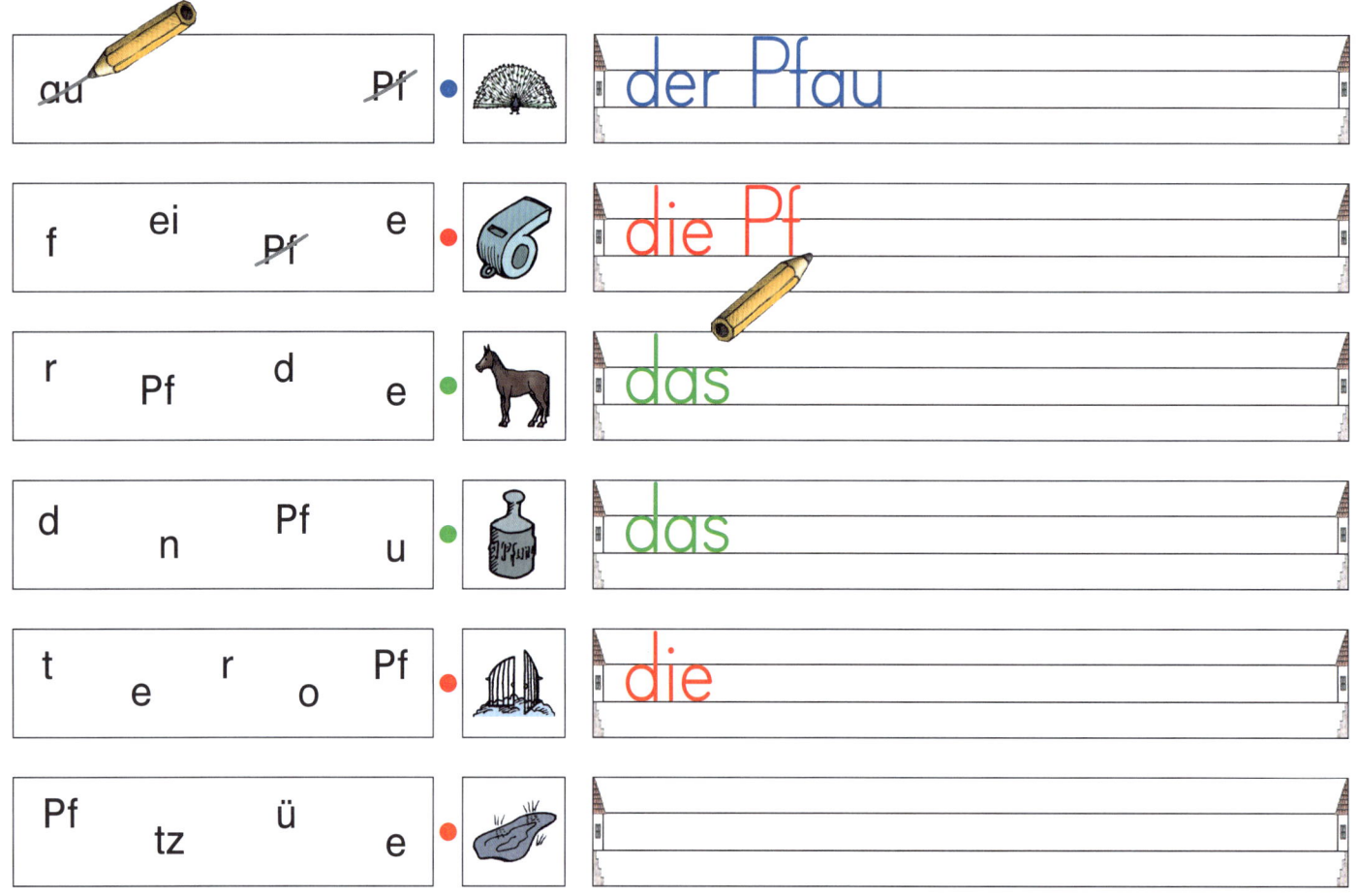

au Pf

der Pfau

f ei Pf e

die Pf

r Pf d e

das

d n Pf u

das

t e r o Pf

die

Pf tz ü e

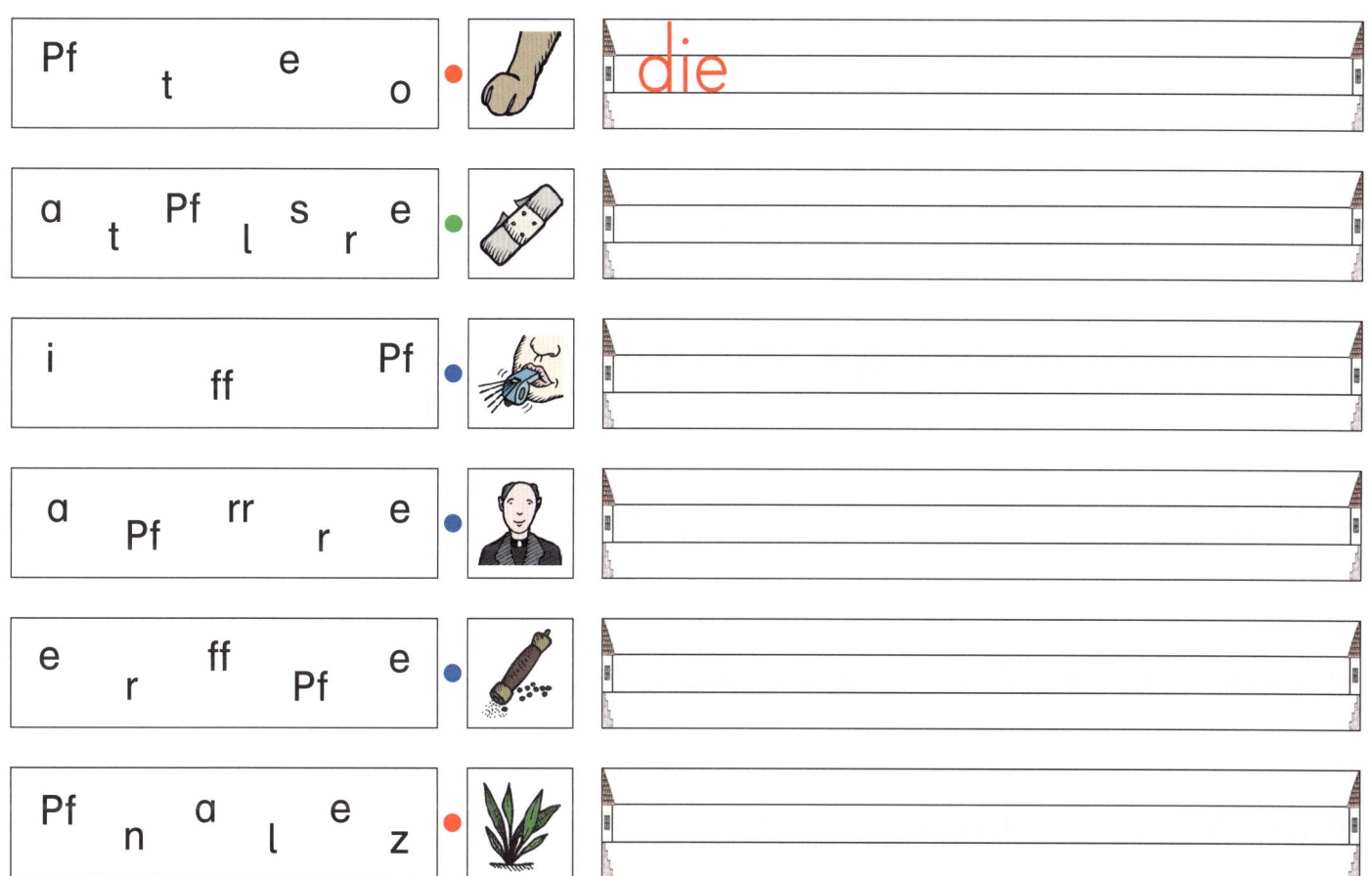

Pf t e o • die

a t Pf l s r e •

i ff Pf •

a Pf rr r e •

e r ff Pf e •

Pf n a l e z •

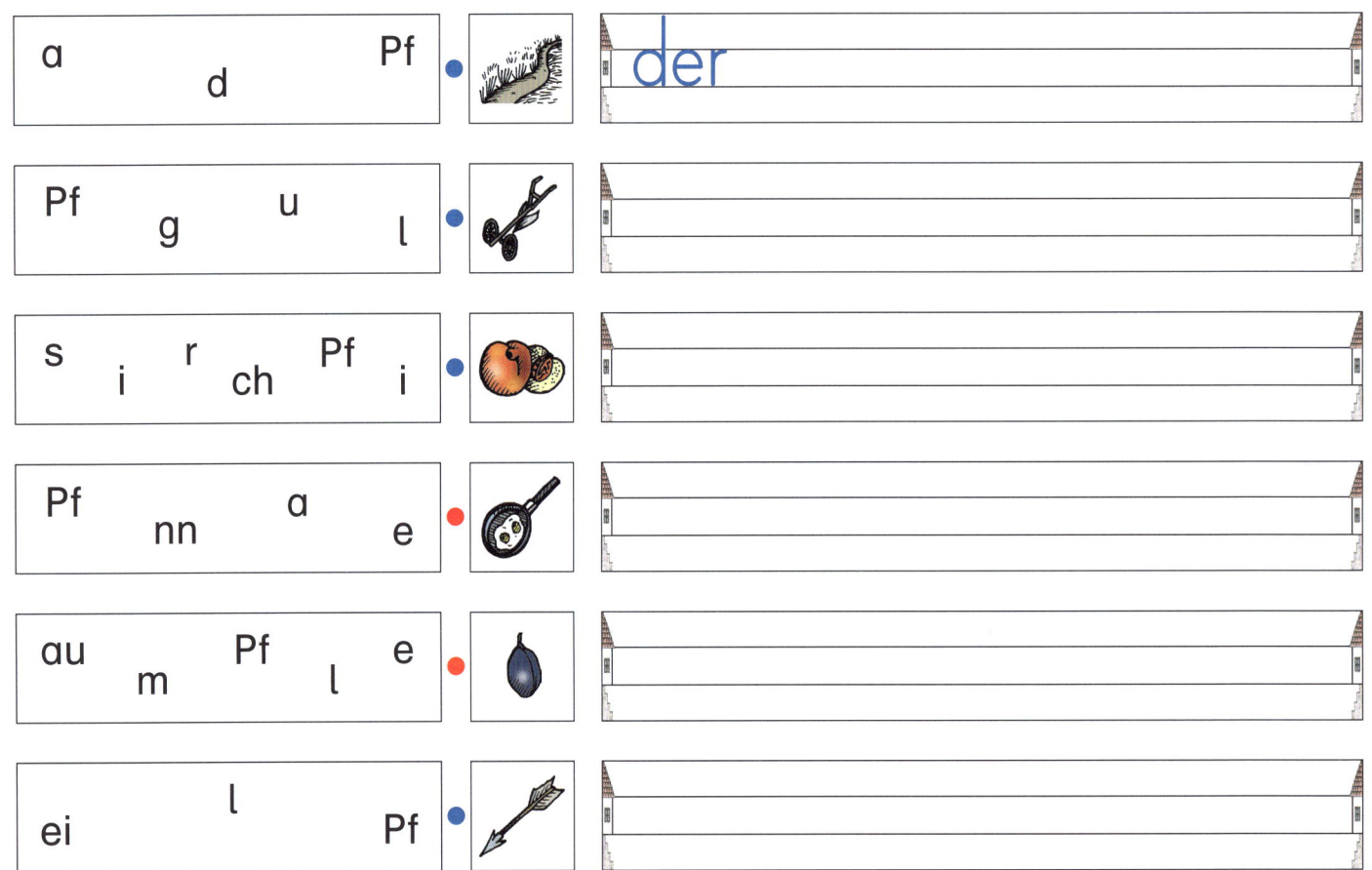

a d Pf • der

Pf g u l •

s i r ch Pf i •

Pf nn a e •

au m Pf l e •

ei l Pf •

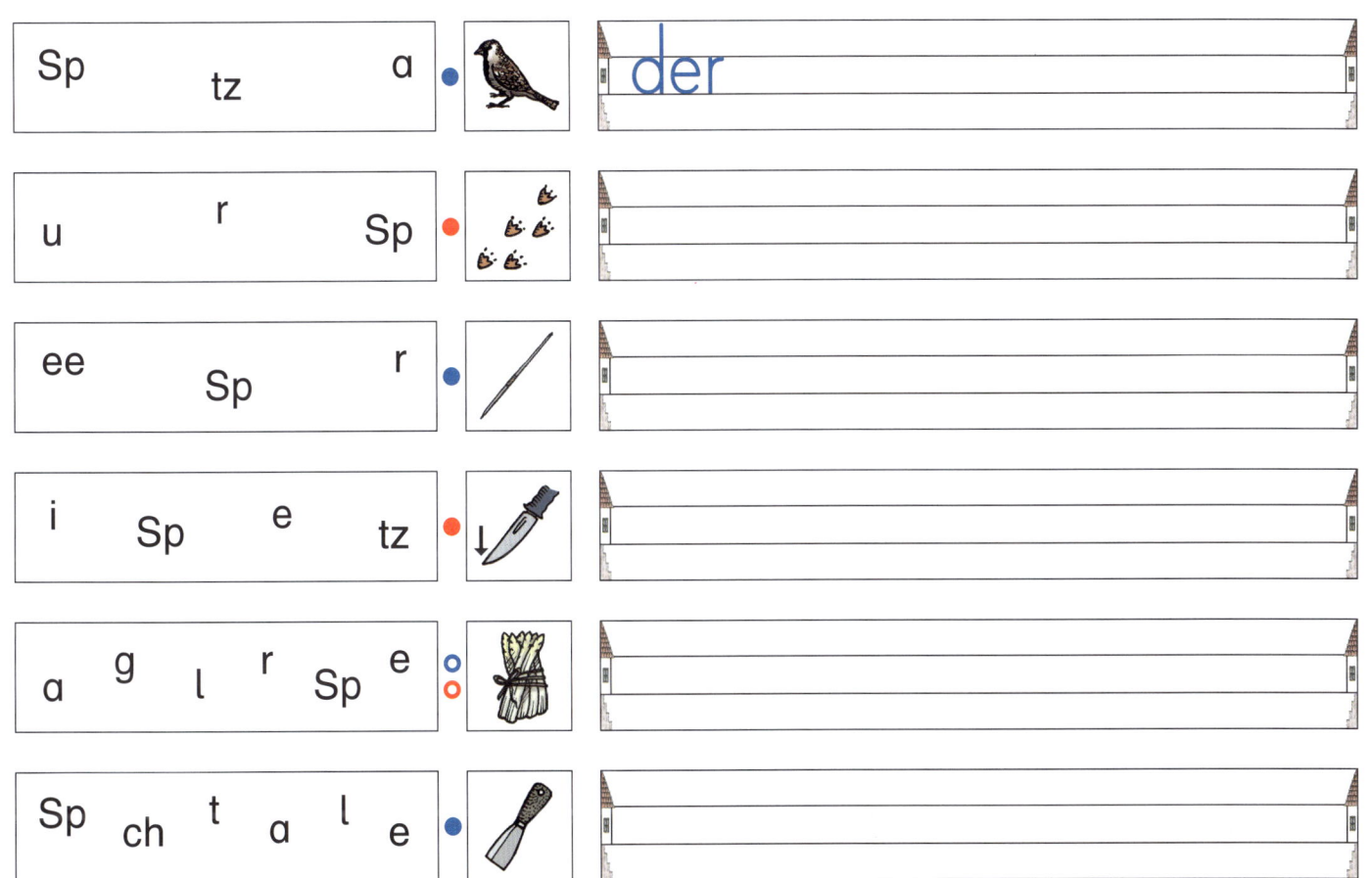

Sp tz a • der

u r Sp

ee Sp r •

i Sp e tz •

a g l r Sp e

Sp ch t a l e •

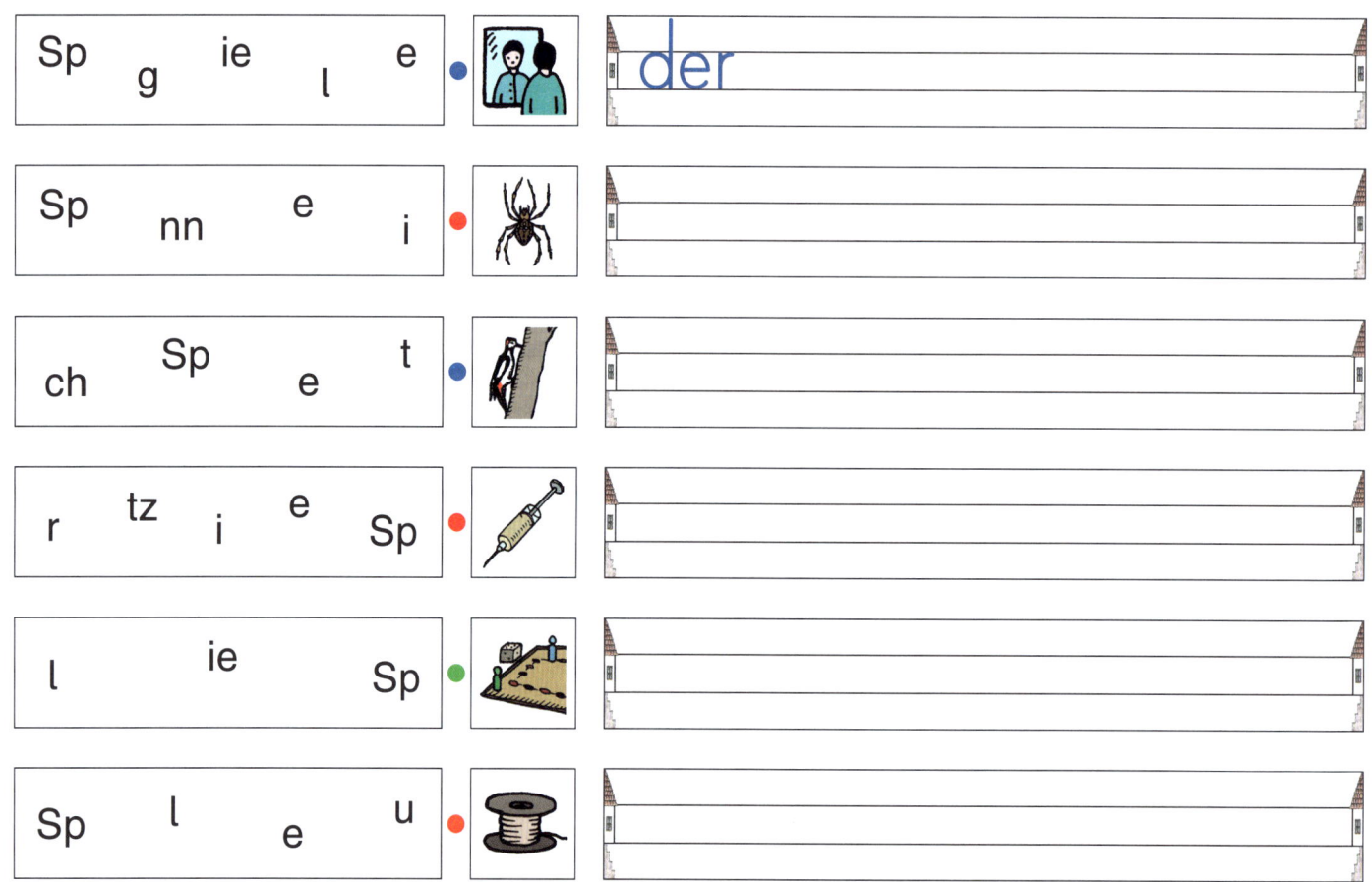

Purzelwort	Bild	Schreiblinie
Sp g ie l e		der
Sp nn e i		
ch Sp e t		
r tz i e Sp		
l ie Sp		
Sp l e u		

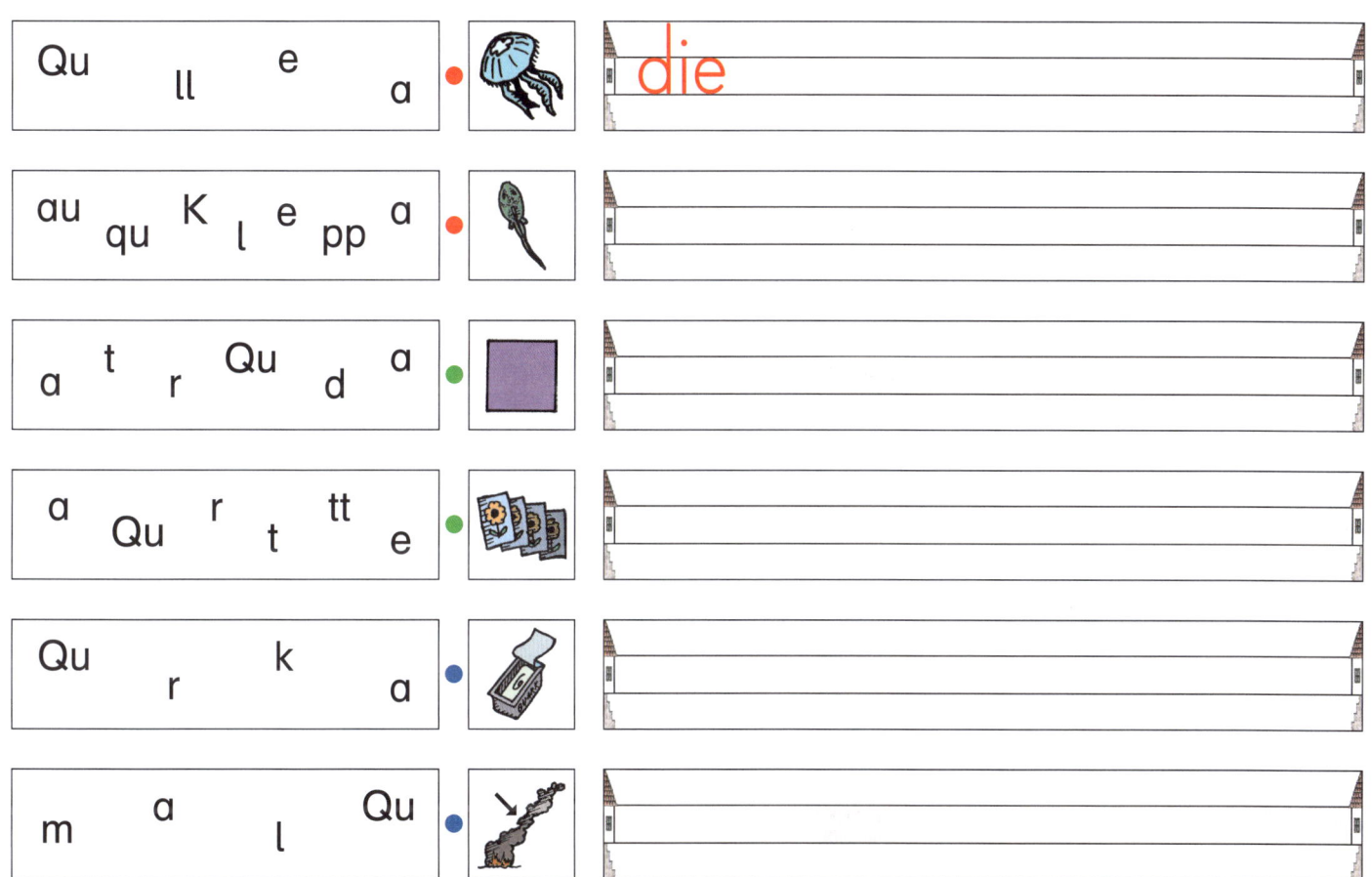

T e a sch		die
Sch ü ss l e l		
sch T i		
n w ei Sch		
k e Sch l au		
Sch h u		

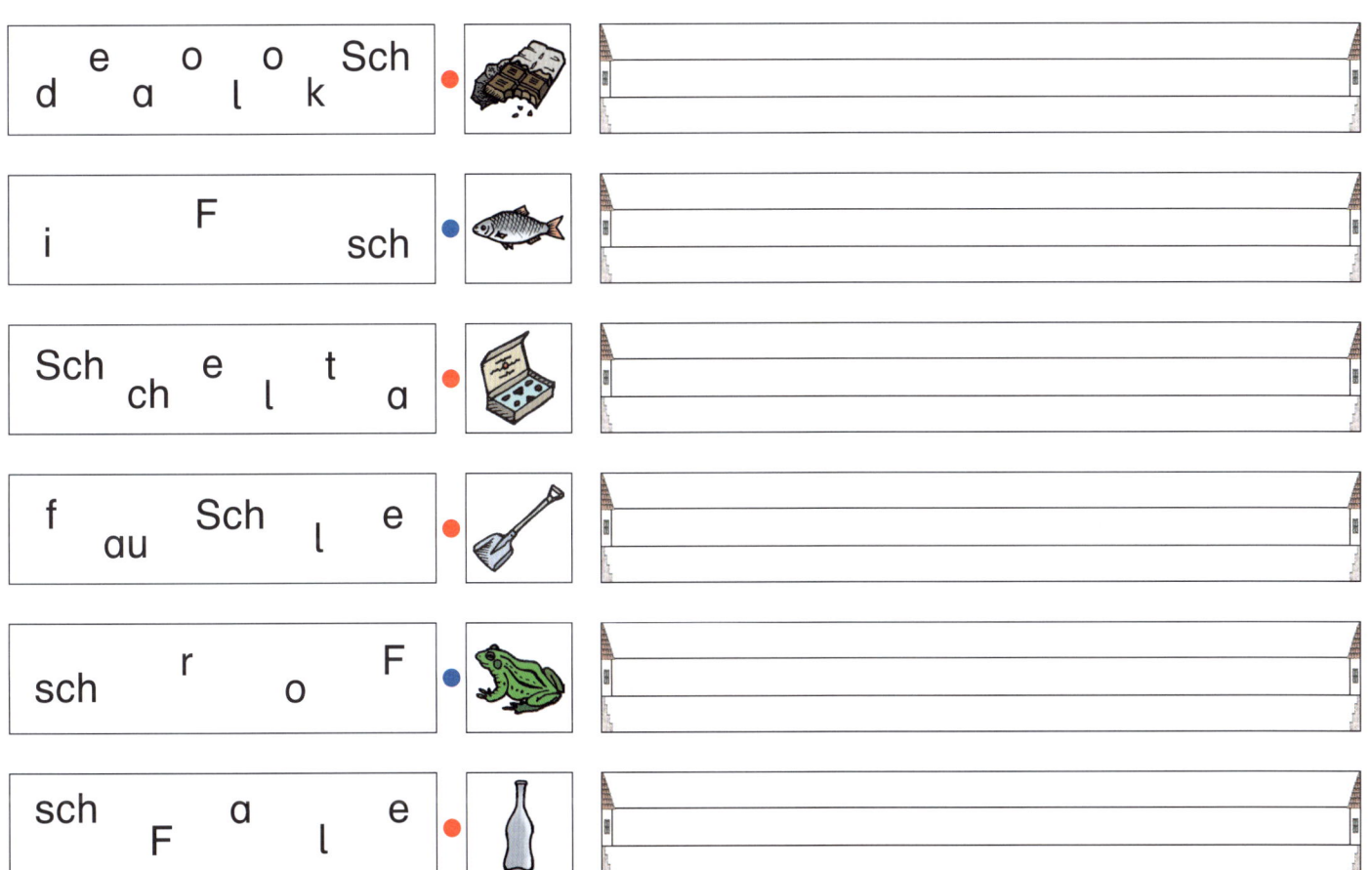

e Eu l	 🔴	die
Eu o r	🔵	
eu n Sch e	🔴	
eu F r e	🟢	
r t e Eu	🟢🔵	
T f l eu e	🔵	

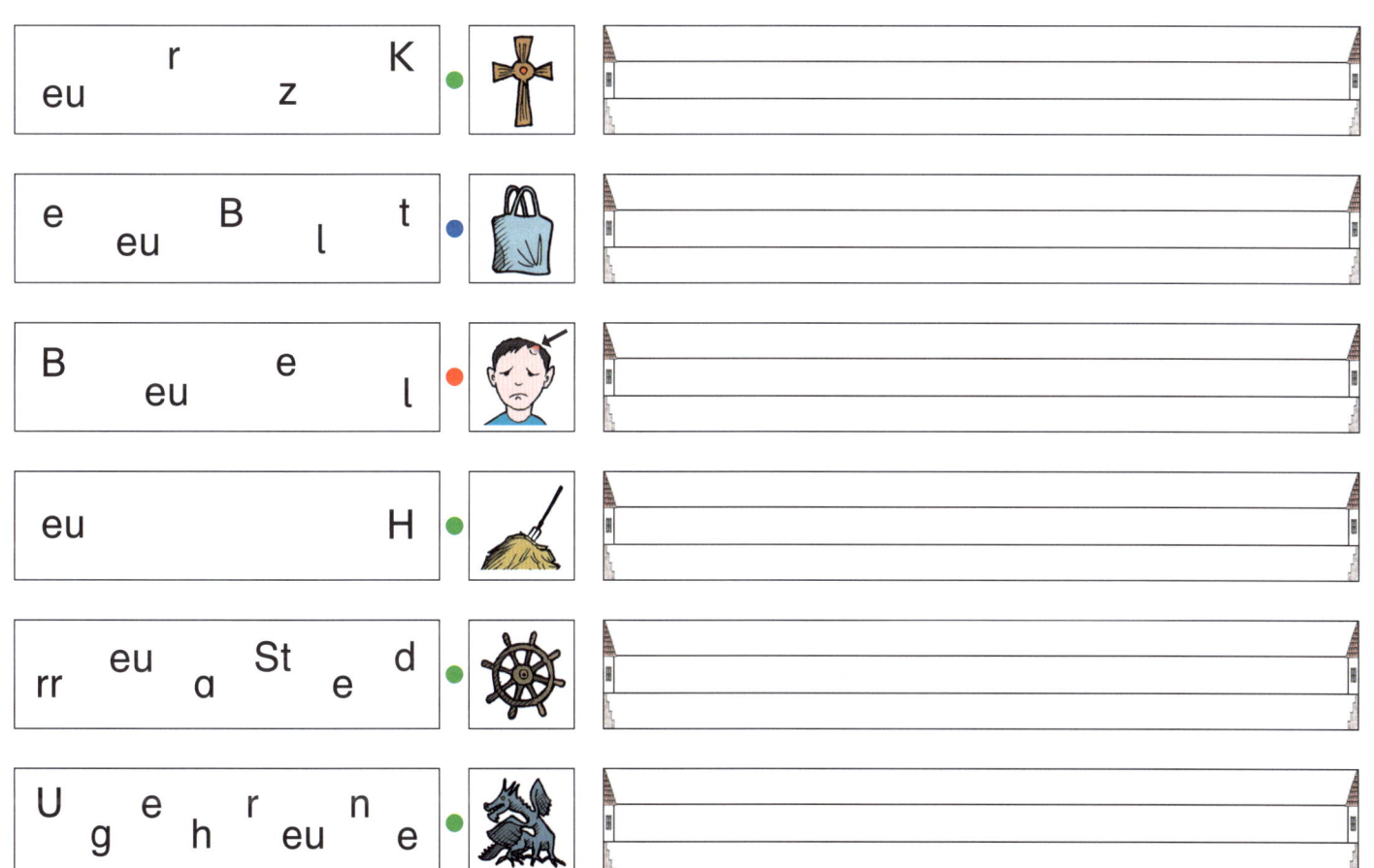

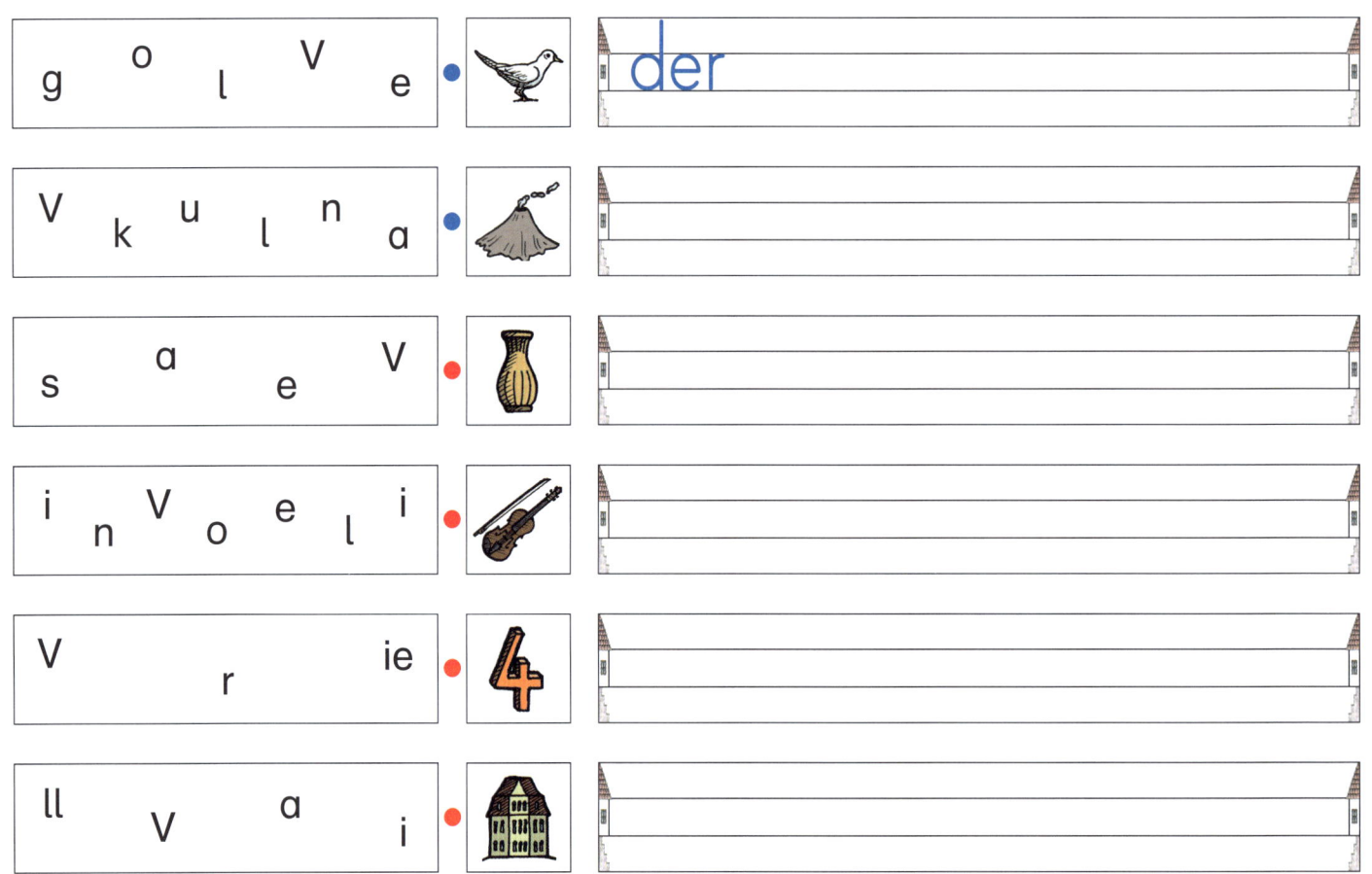

g o l V e der ___

V k u l n a ___

s a e V ___

i n V o e l i ___

V r ie ___

ll V a i ___

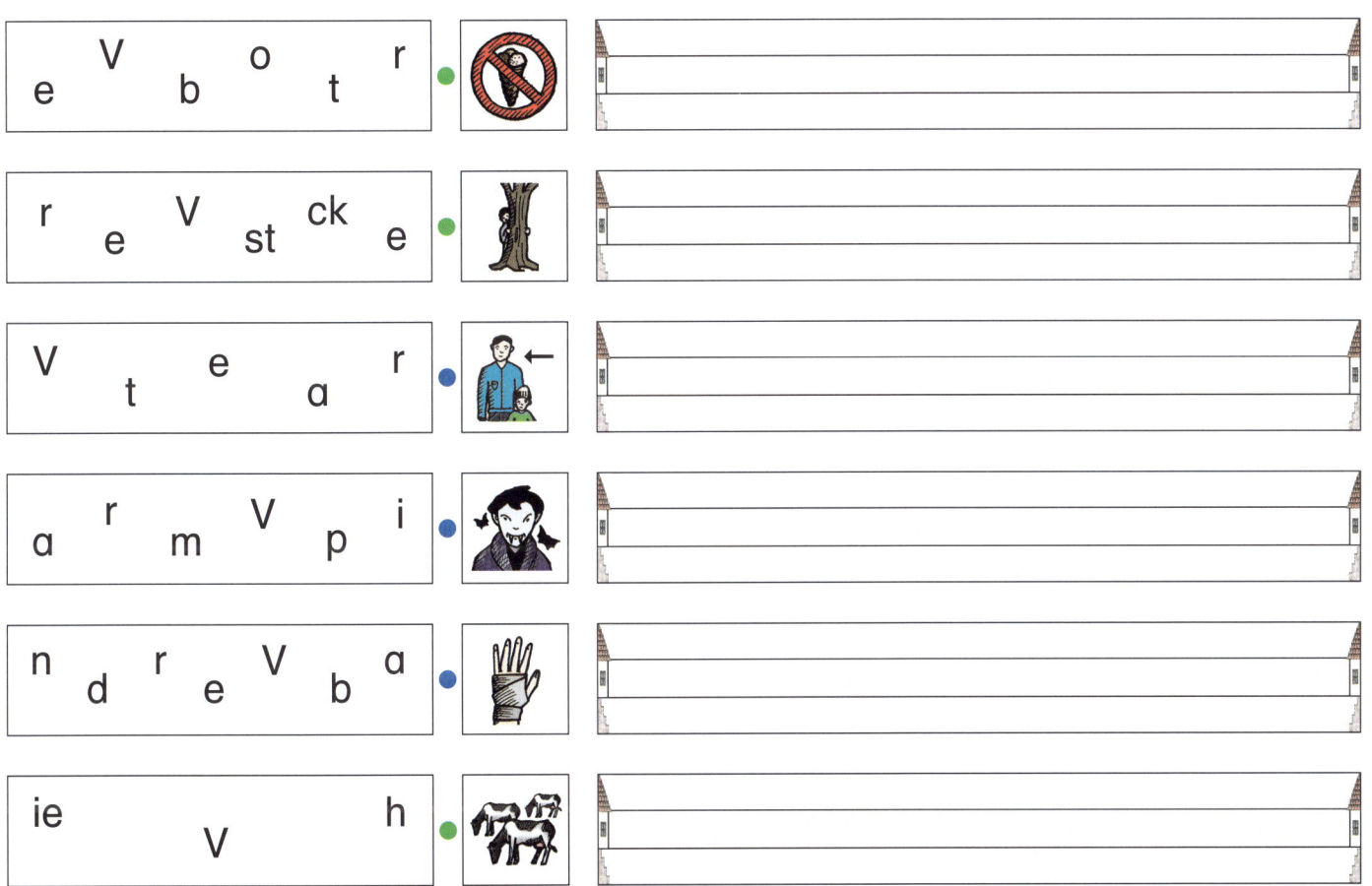

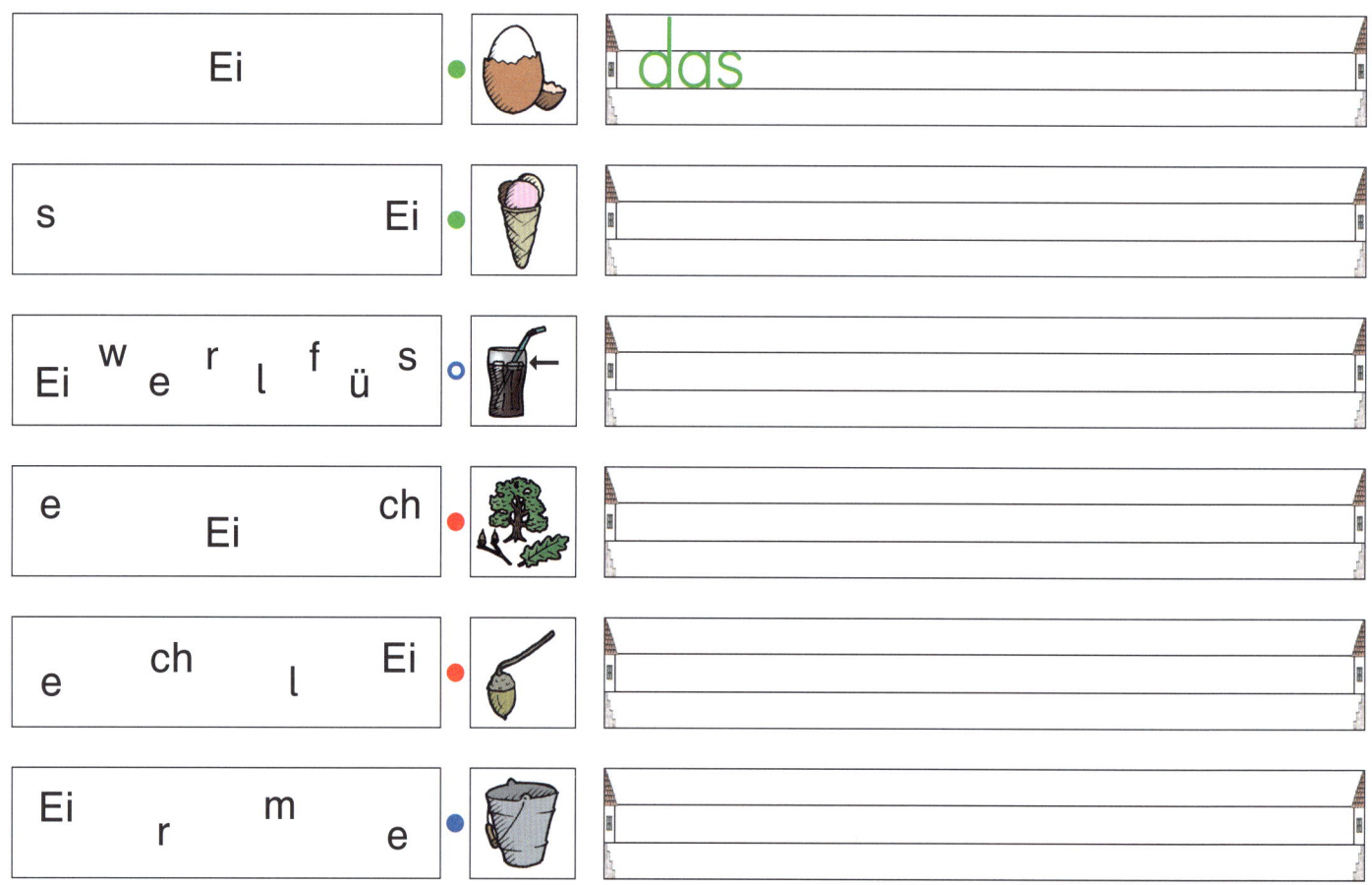

Ei	das
s Ei	
Ei w e r l f ü s	
e Ei ch	
e ch l Ei	
Ei r m e	

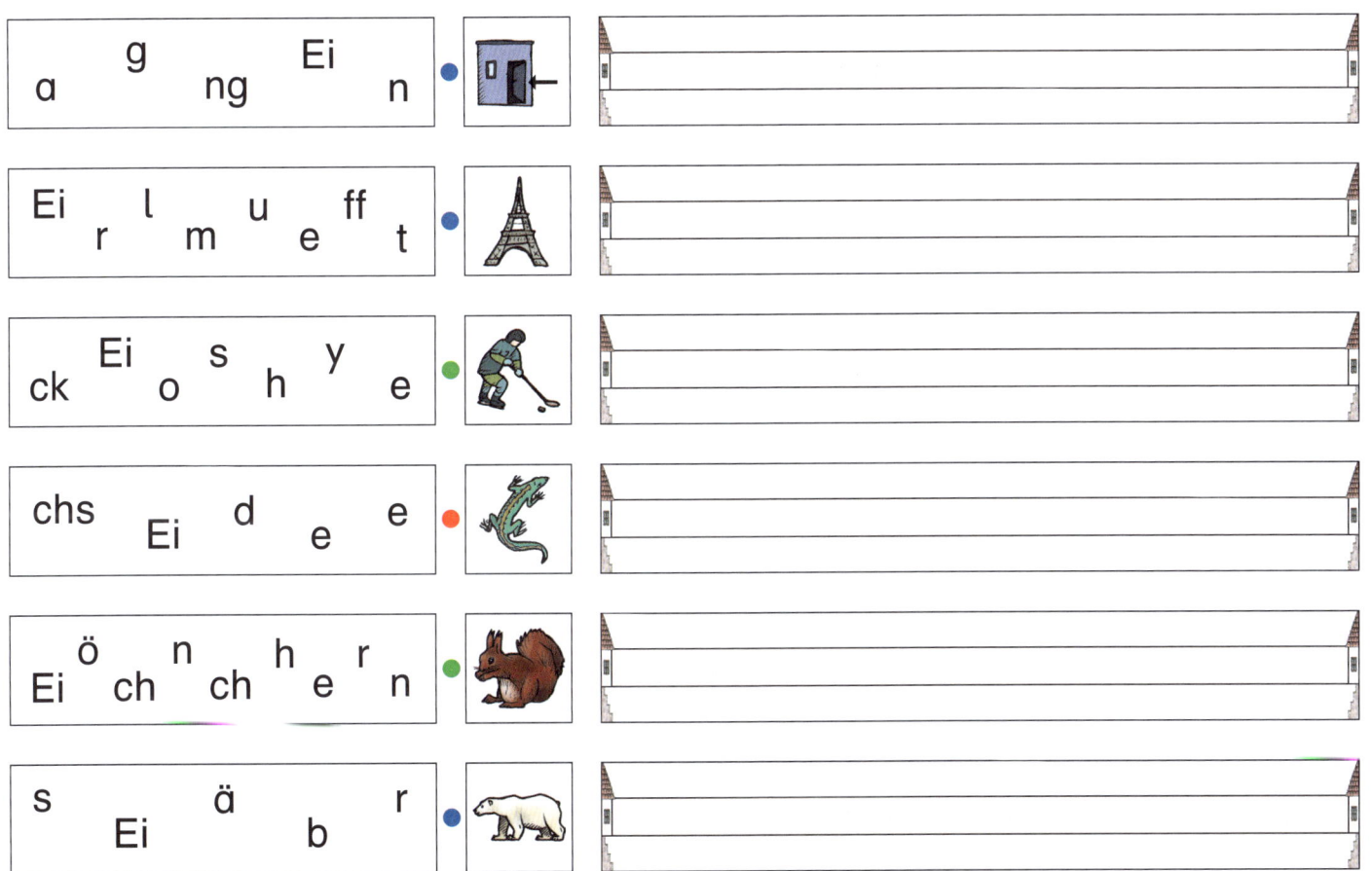

a g ng Ei n ●

Ei r l m u e ff t ●

ck Ei o s h y e ●

chs Ei d e e ●

Ei ö ch n ch h e r n ●

s Ei ä b r ●

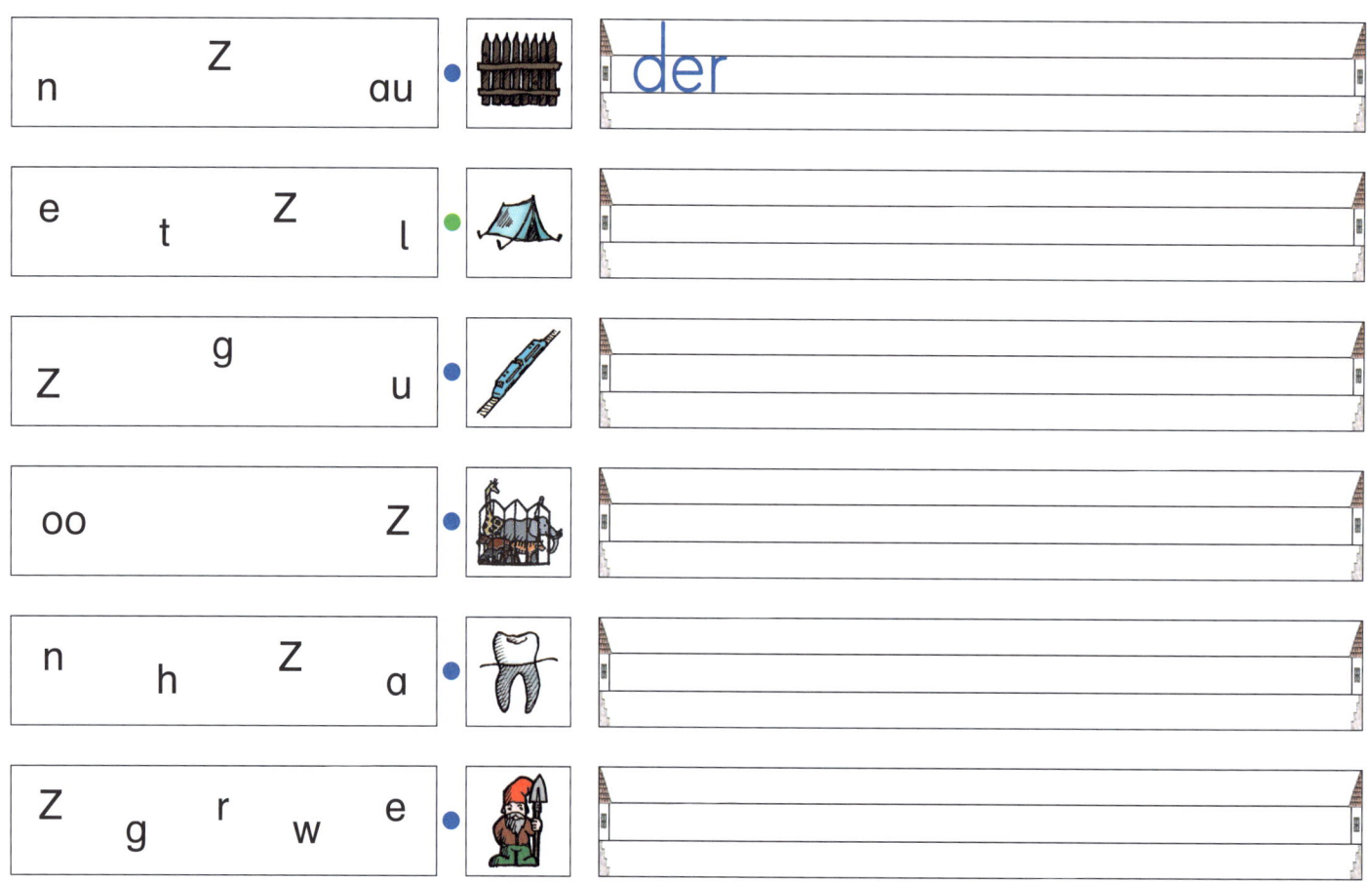

Buchstaben	Bild	Schreiblinie
n Z au		der
e t Z l		
Z g u		
oo Z		
n h Z a		
Z g r w e		

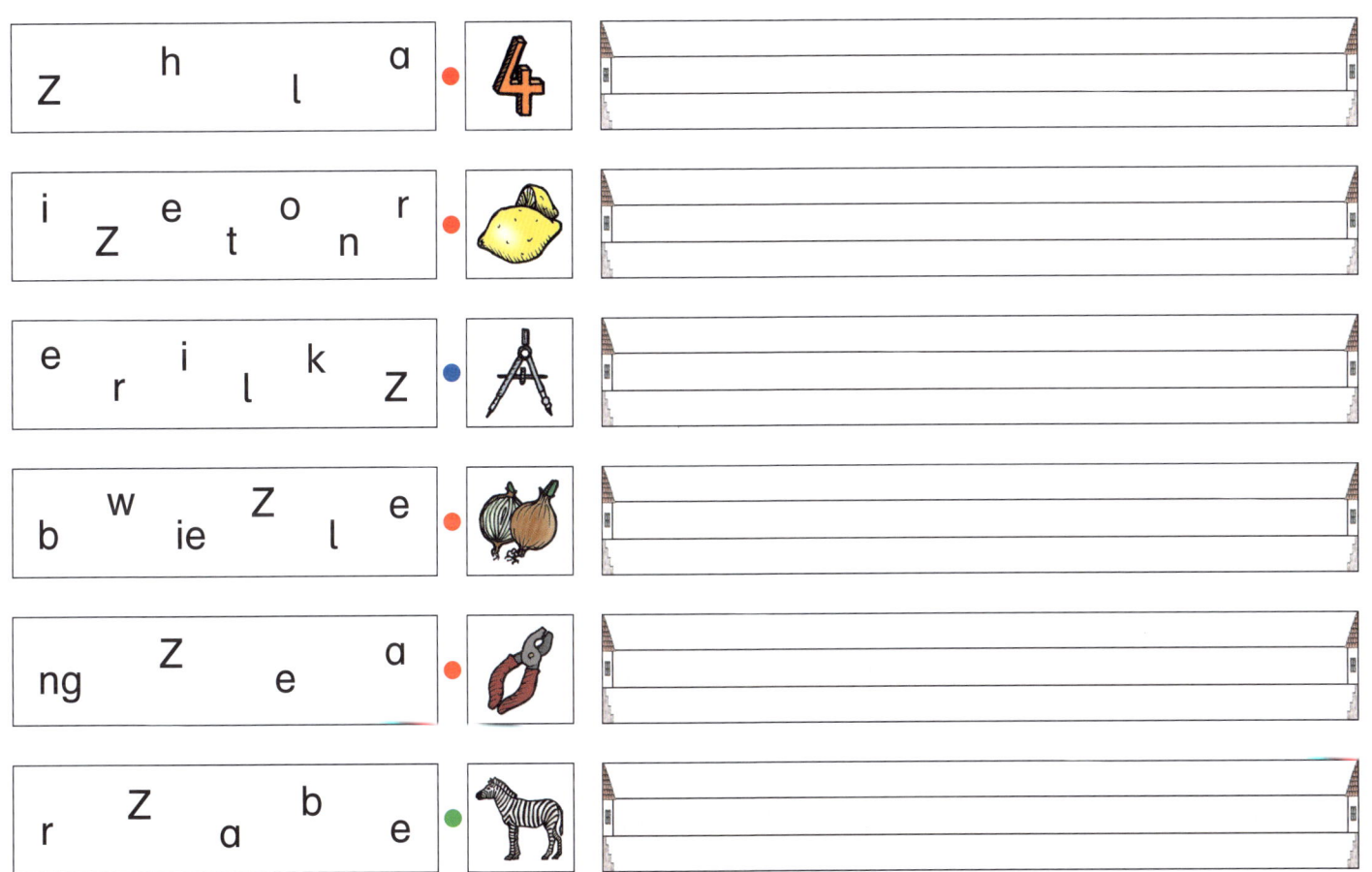

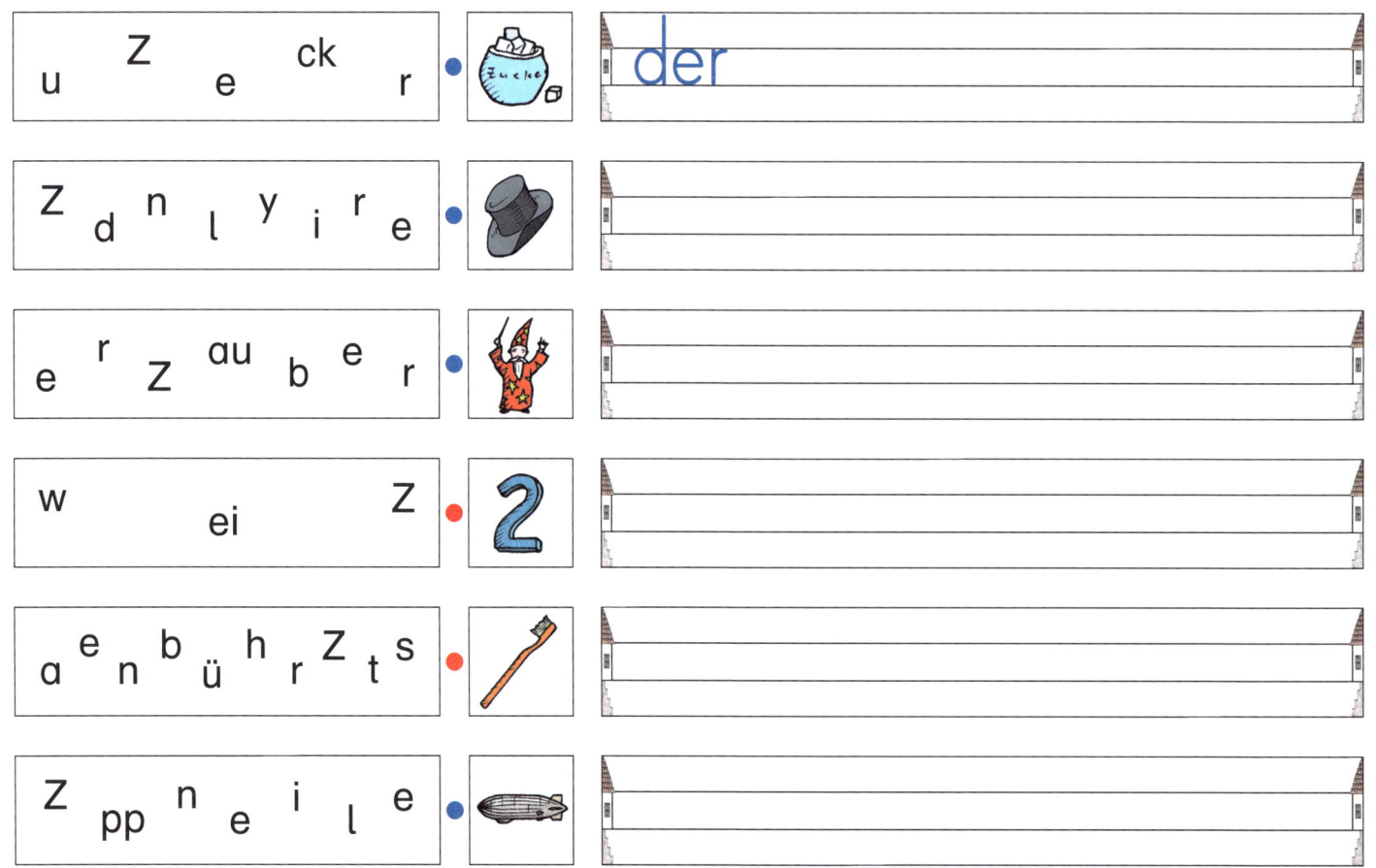

u Z e ck r

der

Z d n l y i r e

e r Z au b e r

w ei Z

a e n b ü h r Z t s

Z pp n e i l e

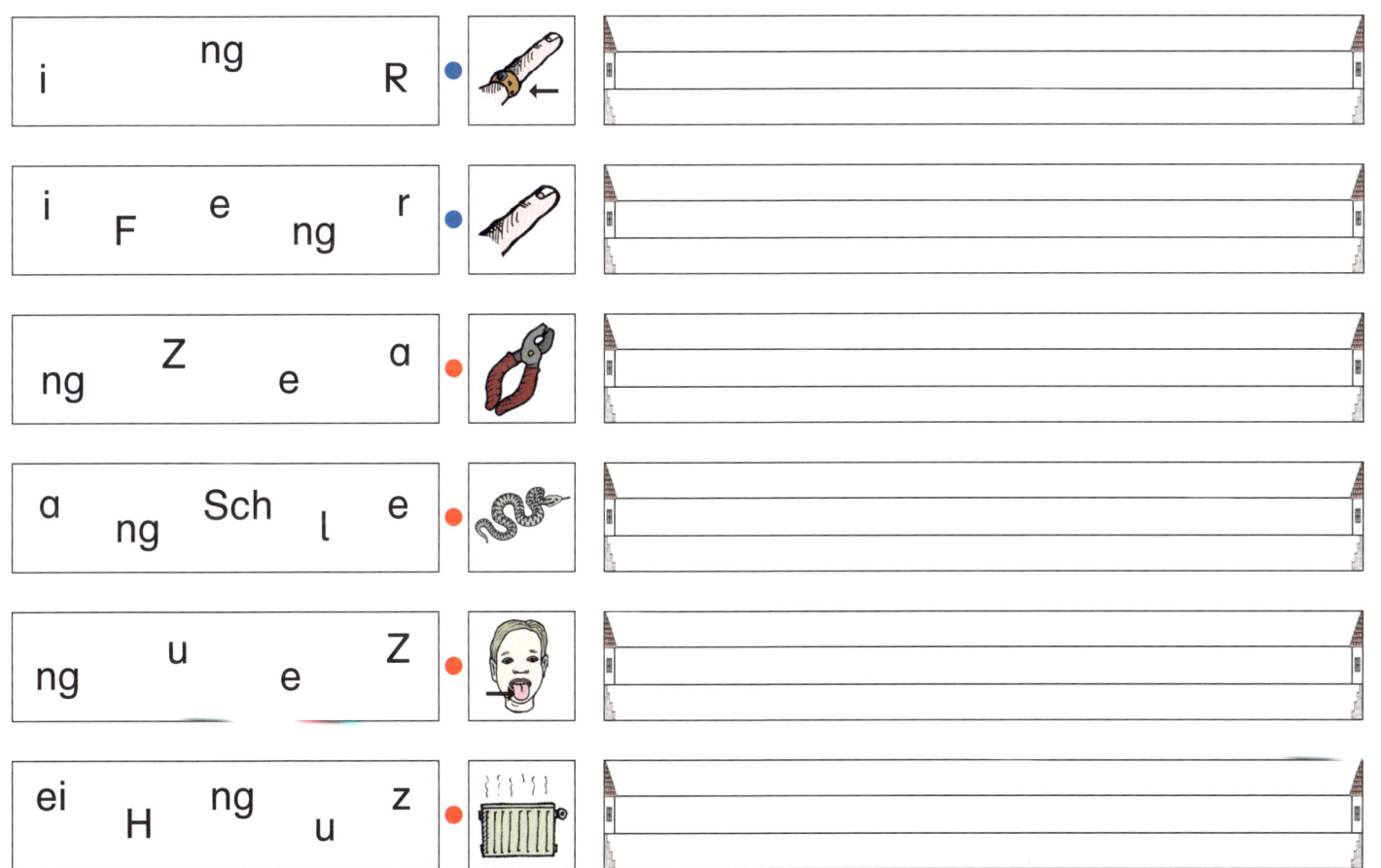

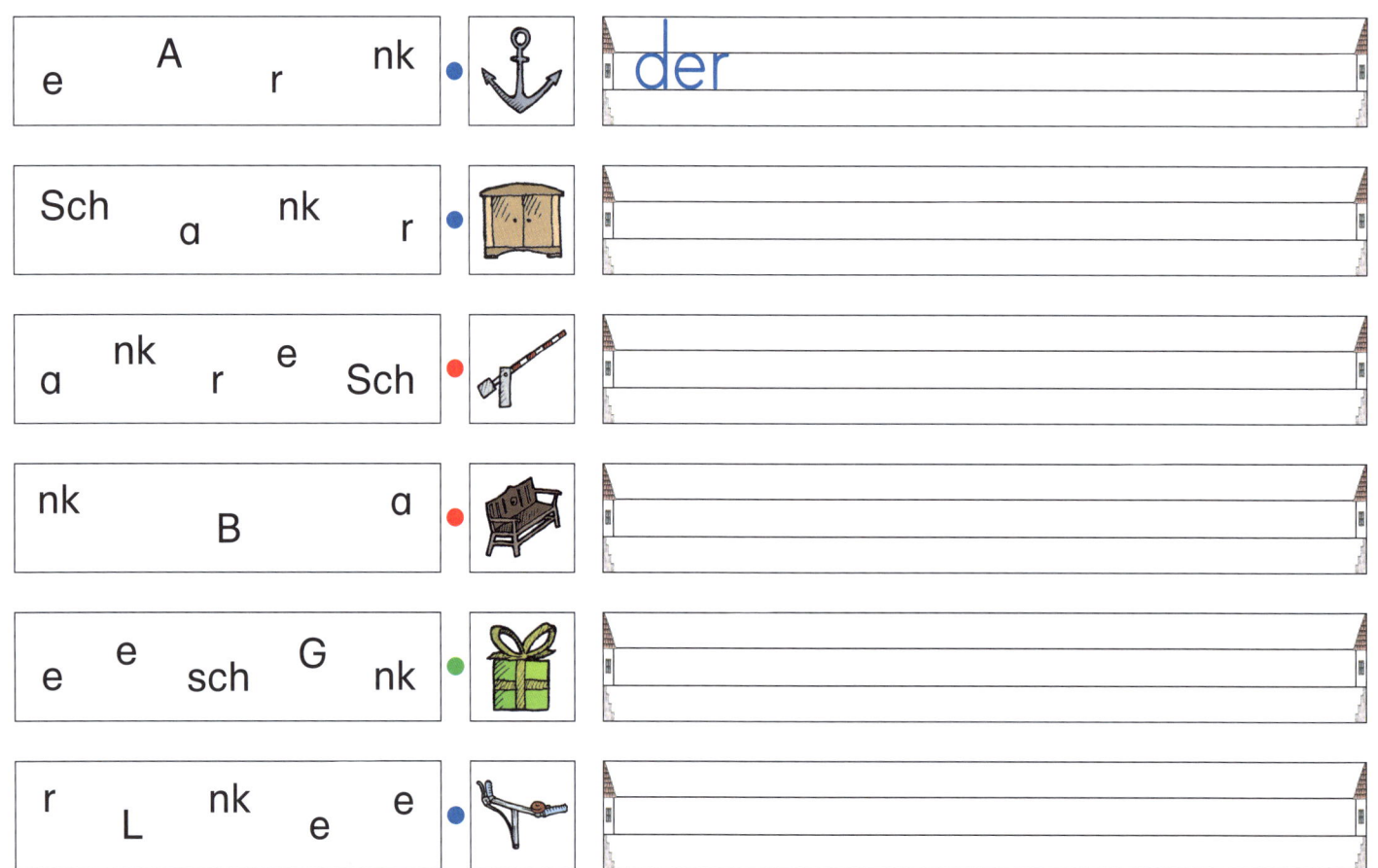

e A r nk — der

Sch a nk r

a nk r e Sch

nk B a

e e sch G nk

r L nk e e

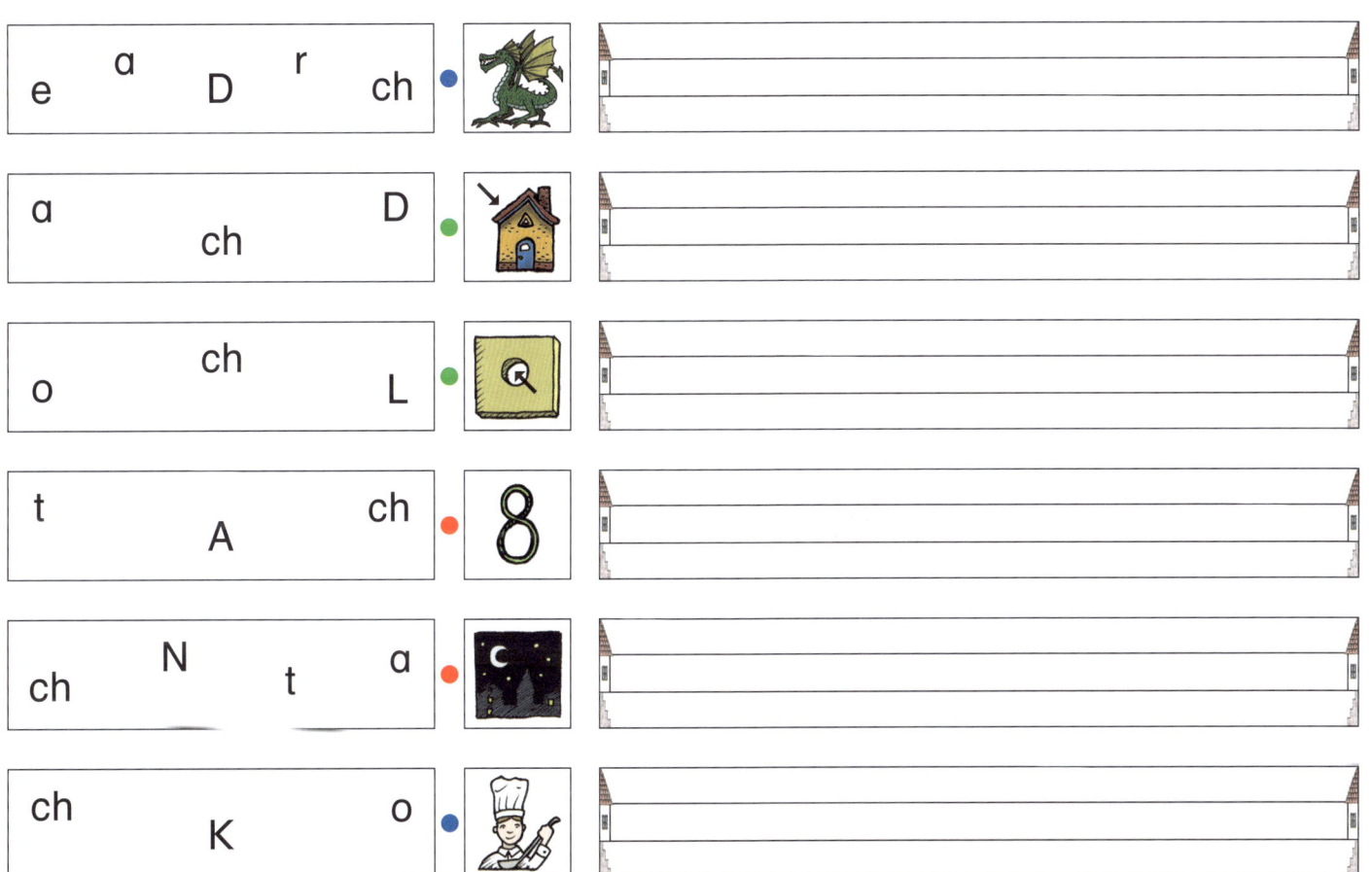

L chs a	🐟	der
chs D a		
e S chs	6	
chs B ü e		
A e chs l		
chs W a		

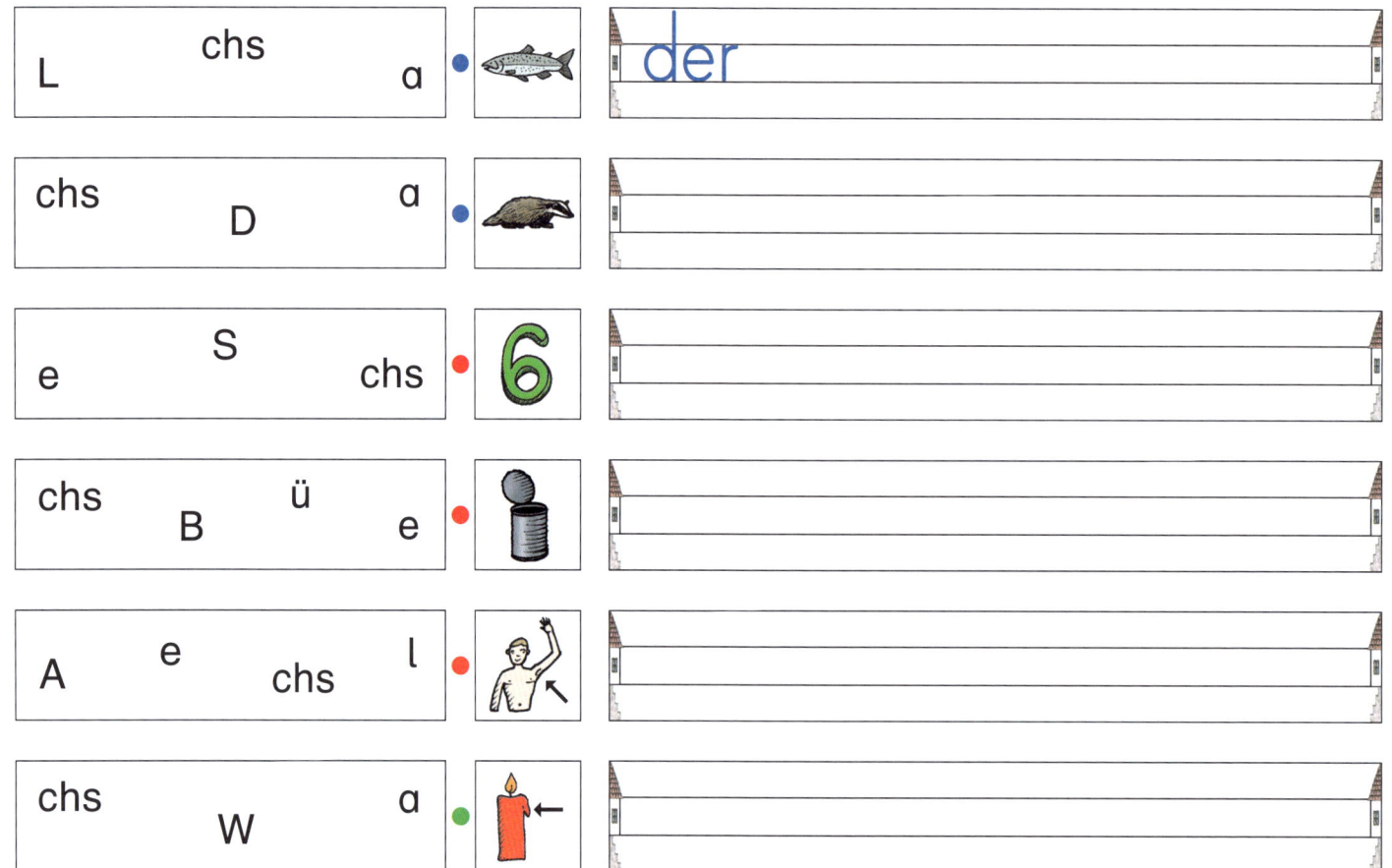

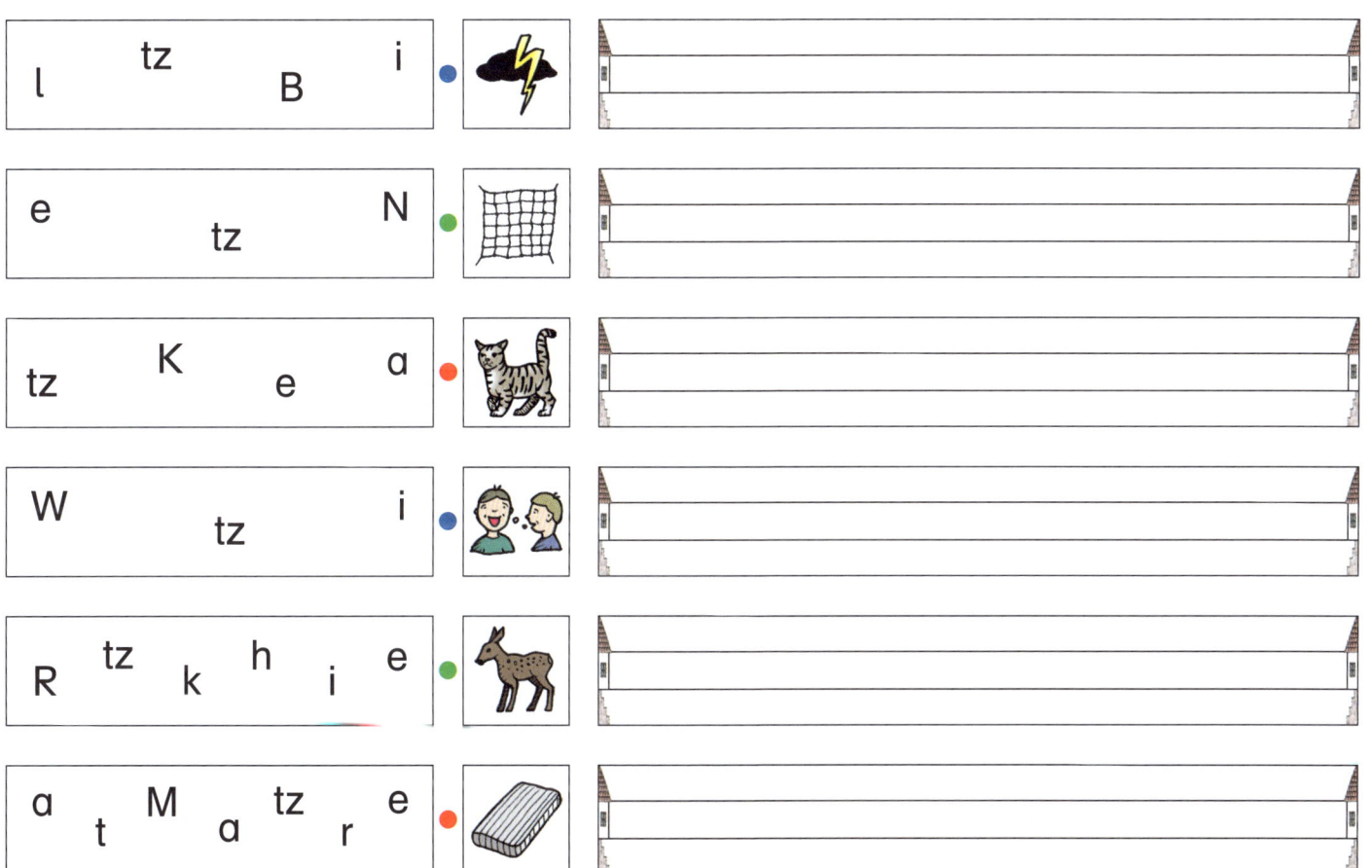

Purzelwörter mit **weichem ch** schreiben

l M i ch 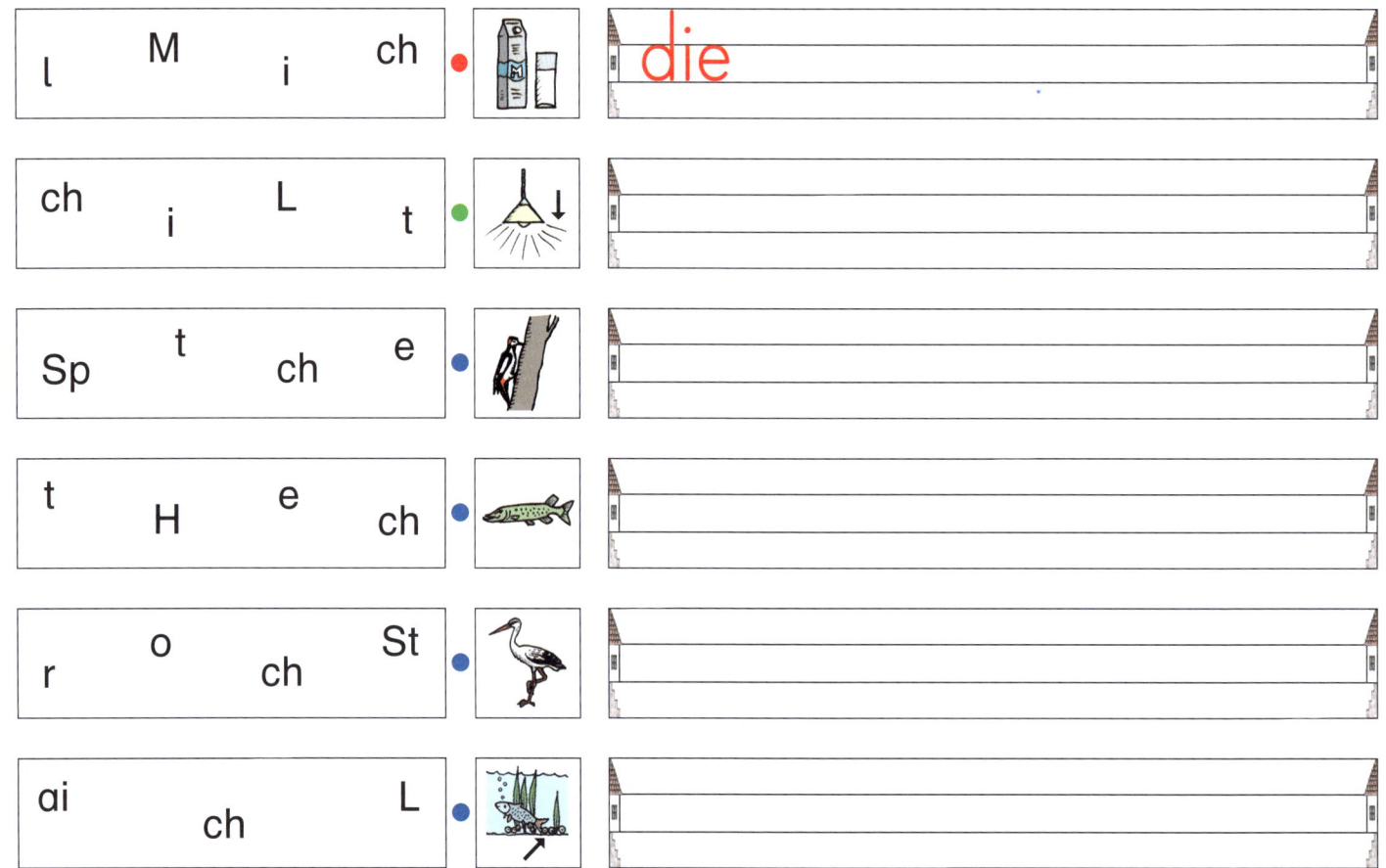 **die**

ch i L t

Sp t ch e

t H e ch

r o ch St

ai ch L

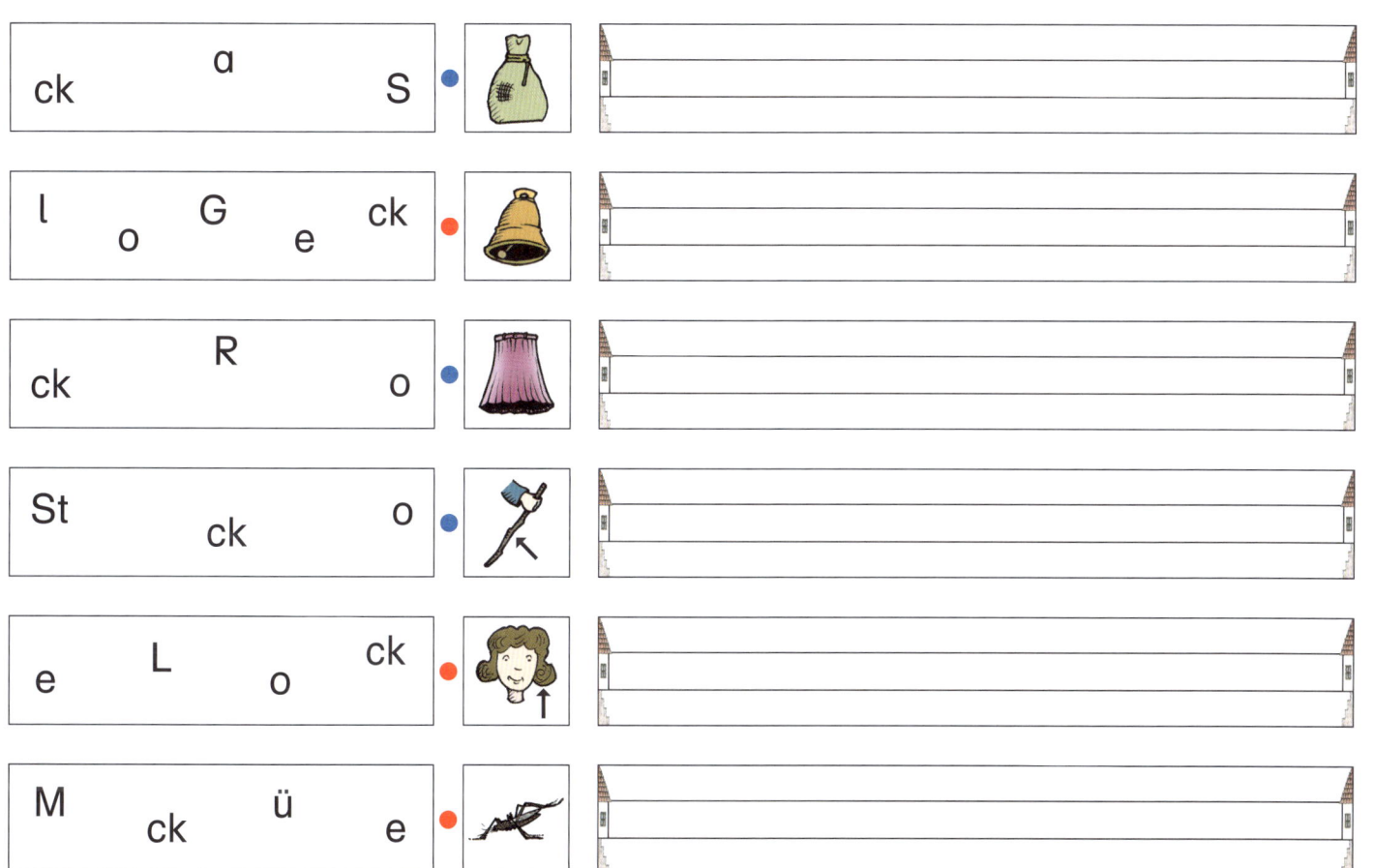

ck   a   S

l   o   G   e   ck

ck   R   o

St   ck   o

e   L   o   ck

M   ck   ü   e

Male!

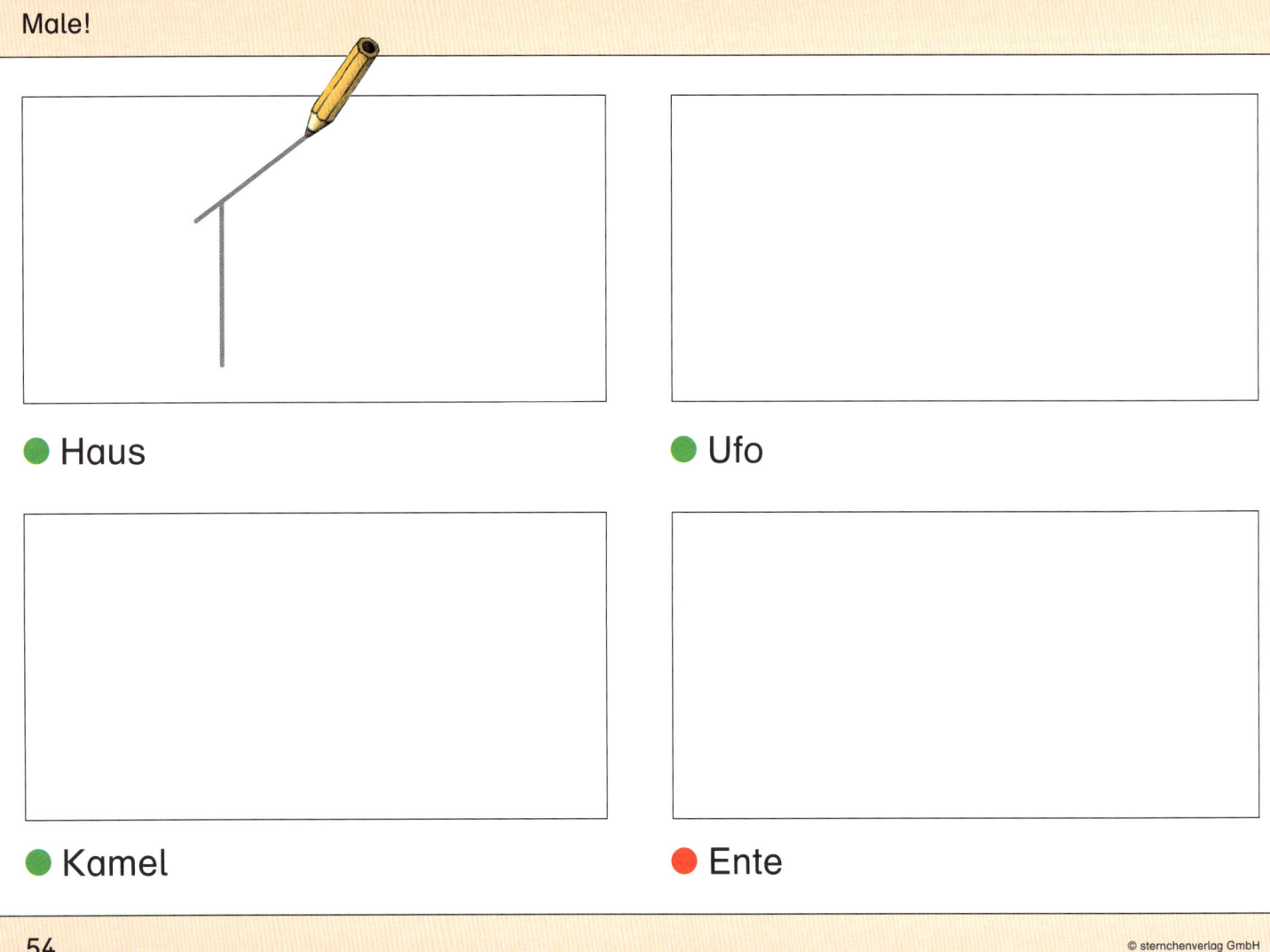

🟢 Haus

🟢 Ufo

🟢 Kamel

🔴 Ente